# 解码
## 数字经济

唐怀坤 史一飞 著

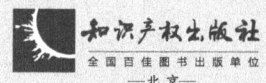

图书在版编目（CIP）数据

解码数字经济 / 唐怀坤，史一飞著．—北京：知识产权出版社，2021.4
ISBN 978-7-5130-7459-9

Ⅰ.①解… Ⅱ.①唐… ②史… Ⅲ.①信息经济—研究 Ⅳ.①F49

中国版本图书馆 CIP 数据核字（2021）第 054737 号

内容提要

本书从技术经济进化论的角度阐述了数字经济的发展阶段、数字经济时代创新创业九大规律和十大思维，介绍了数字经济时代新型基础设施建设创新、城市管理、企业管理等内容，对全面了解数字经济、洞察数字经济市场商机有较大帮助，同时对企业数字化转型与创新有较大参考价值。

责任编辑：高源　　　　　　　　　　责任印制：孙婷婷

## 解码数字经济
### JIEMA SHUZI JINGJI

唐怀坤　史一飞　著

| 出版发行：知识产权出版社 有限责任公司 | 网　　址：http://www.ipph.cn |
|---|---|
| 电　　话：010-82004826 | http://www.laichushu.com |
| 社　　址：北京市海淀区气象路 50 号院 | 邮　　编：100081 |
| 责编电话：010-82000860 转 8701 | 责编邮箱：laichushu@cnipr.com |
| 发行电话：010-82000860 转 8101 | 发行传真：010-82000893 |
| 印　　刷：北京建宏印刷有限公司 | 经　　销：各大网上书店、新华书店及相关专业书店 |
| 开　　本：720mm×1000mm　1/16 | 印　　张：14 |
| 版　　次：2021 年 4 月第 1 版 | 印　　次：2021 年 4 月第 1 次印刷 |
| 字　　数：210 千字 | 定　　价：72.80 元 |
| ISBN 978-7-5130-7459-9 | |

出版权专有　侵权必究
如有印装质量问题，本社负责调换。

# 序　言

古希腊数学家、哲学家毕达哥拉斯曾提出，数是万物的本原，事物的性质是由某种数量关系决定的，万物按照一定的数量比例构成和谐的秩序。在漫长的2000多年里，部分学科的发展基本遵循了这一规律。到了数字经济时代，这一规律所起的作用更加突出，大数据、云计算、智慧城市、5G、人工智能等新技术无不围绕着数据挖掘、数据协同、数据计算、数据传输、数据算法等做文章。通信网络中最基本的代码符号是"0"和"1"，它们的组合构成了这个丰富多彩的数字世界。2019年，我国数字经济占国内生产总值的比重达到36.2%，而且这个比例还在逐年增加，未来10年这个数字将增加到50%以上。❶ 数字经济被放在了重要位置：我国要建设网络强国、数字中国、智慧社会，推动互联网、大数据、人工智能和实体经济深度融合，要发展数字经济、共享经济，培育新增长点、形成新动能，加快建设数字中国正成为引领中国迈向经济强国的重要引擎。

本书从技术经济进化论的角度阐述了数字经济的发展阶段，明确提出其是工业经济时代之后的一个全新的社会发展阶段，并指出数字经济最终的演进方向是智能经济。其发展包括三大阶段：数字化、互联网、数字孪生，其中互联网阶段又包括固定互联网、移动互联网、物联网三大子阶段，且每一次转变都会引起整个社会生产生活方式的较大变革。如果要洞察社会发展规律，展望未来创新创业机会，那么技术经济进化论也许会给读者一个理论依据。

---

❶ 中国信息通信研究院. 中国数字经济发展白皮书（2020年）[EB/OL]. (2020-07-03) [2020-08-01]. http://www.caict.ac.cn/kxyj/qwfb/bps/202007/t20200702_285535.htm.

本书的框架结构如下。

第一章从本体论的层面提出了技术经济进化理论（简称"ROSE 模型理论"），分析了技术与经济的关系、发展阶段，提出了技术经济进化的六阶段理论，并指出每个阶段之间并不是孤立的，而是呈现渐进、往复式、协同发展的特点。

第二章从认识论的层面提出了数字经济演进的三大阶段：数字经济 1.0 阶段、数字经济 2.0 阶段、数字经济 3.0 阶段。当前，我国正处于数字经济发展的 2.0 阶段。

第三章提出了数字经济时代创新创业的九大规律，分析了九大规律与数字经济发展三大阶段的关系，指导企业在创新创业中少走弯路，尤其是避免被互联网生态黑洞吞噬。

第四章提出了数字经济时代创新创业的十大思维。思维决定行动，思维与战略制定有很大关系，数字经济时代与工业经济时代的思维方式有较大不同，体现出来的生产组织方式、管理模式、市场营销模式也有所不同。

第五章论述了数字经济时代的新型基础建设，重点分析投资重点、发展方向，列举了 5G、物联网、车联网、工业互联网、虚拟现实（VR）与应用场景等热点方向。

第六章分析了数字经济时代的城市管理及智慧城市建设的七大趋势、基本思路、基本模型、顶层设计、基本单元、基本需求等，梳理了数字经济时代智慧城市建设之路。

第七章通过国内外典型互联网企业的成功路径及当前的发展重点、未来的战略，分析这类企业的特点及数字经济发展的路径。同时，剖析了数字经济时代企业的管理创新如何开展、数字经济时代企业技术创新如何开展、数字经济时代创业市场洞察方法等问题。此外，以中国电信为例，从政企业务的角度分析"智慧社区"有哪些商业机会，可以采取哪些行动与措施等。

第八章进行具象化分析，通过应用数字经济解码工具分析数字经济时代背景下建筑行业的发展方向、建筑企业经营方式。

本书对从理论模型搭建到管理创新、技术创新再到实际市场洞察的操作都进行了具体分析，覆盖了企业管理的三大领域——市场、管理、技术，使企业在进行创新时有一定的模式可以借鉴。本书是笔者管理咨询实践的一些总结,水平有限,敬请广大专家、读者指正。

唐怀坤　史一飞

2020 年 10 月 1 日

# 目 录

序 言

第一章　技术经济进化论 ································································· 1

　　一、VUCA 时代，拨开迷雾 ····················································· 3

　　二、技术经济进化论（ROSE 模型理论） ································· 6

　　三、发展阶段之间的相互作用机理 ·········································· 10

　　四、技术经济进化论的量化证明 ·············································· 13

　　五、基于技术经济进化论的分析 ·············································· 16

第二章　数字经济演进的三大阶段 ················································· 21

　　一、概述 ················································································· 23

　　二、数字经济 1.0 阶段 ···························································· 26

　　三、数字经济 2.0 阶段 ···························································· 27

　　四、数字经济 3.0 阶段 ···························································· 31

第三章　解码数字经济时代创新创业九大规律 ······························· 45

　　一、创新的内涵 ······································································ 47

　　二、"创新者窘境"现象的本质 ················································ 48

三、数字经济时代创新创业规律····································································49

**第四章　解码数字经济时代创新创业十大思维**····································63

一、从边际成本递增思维到零边际成本思维················································65

二、从纵向思维到横向思维········································································66

三、从木桶思维到长板思维········································································67

四、从封闭思维到开放思维········································································68

五、从产品思维到生态思维········································································68

六、从销售思维到平台思维········································································70

七、从定期思维到持续思维········································································70

八、从分布式思维到云商业思维································································71

九、从标准化思维到定制化思维································································71

十、从聚焦思维到广角思维········································································72

**第五章　数字经济时代新型基础设施建设创新**····································75

一、5G：引领新基建····················································································79

二、物联网：物网融合大趋势····································································79

三、车联网：车路协同大势所趋································································85

四、工业互联网：工业转型升级的载体··················································106

五、数字孪生新世界：VR与应用场景····················································108

**第六章　解码数字经济时代的城市管理**··············································115

一、数字经济时代智慧城市发展的七大趋势··········································117

二、智慧城市基本思路：需求层次理论··················································121

三、智慧城市基本模型：复杂巨系统······················································126

四、智慧城市顶层设计：面向数字孪生··················································130

五、智慧城市基本单元：智慧社区治理 ………………………………… 136

六、智慧城市基本需求：城市安全治理 ………………………………… 140

**第七章　解码数字经济时代的企业管理** …………………………………… 147

一、数字经济时代客户需求特点 ………………………………………… 149

二、数字经济时代不同类型客户的转换 ………………………………… 152

三、典型企业创新路径分析 ……………………………………………… 153

四、管理创新：从纵向管理走向横向管理 ……………………………… 159

五、技术创新：从封闭式创新到协同创新 ……………………………… 164

六、市场洞察：抓住数字经济时代商机的方法 ………………………… 178

**第八章　数字经济解码方法应用分析——以建筑产业为例** …………… 199

一、基于技术经济进化论的建筑产业分析 ……………………………… 201

二、基于数字经济发展三大阶段的建筑行业 …………………………… 203

三、数字经济时代建筑企业转型管理 …………………………………… 212

# 第一章
## 技术经济进化论

## 一、VUCA 时代，拨开迷雾

有一种观点认为，当今时代是一个变幻莫测的时代，是一个 VUCA 时代（又称"乌卡时代"）。VUCA 是 Volatility（易变性）、Uncertainty（不确定性）、Complexity（复杂性）、Ambiguity（模糊性）的缩写，最早由美军在 20 世纪 90 年代用来描述冷战结束后不稳定的、不确定的、复杂的、模棱两可和多变的世界。❶ 托马斯·弗里德曼在《世界是平的》一书中提出，当今世界改变的速度已与过去不同，每当文明经历一场颠覆性的技术革命，都给这个世界带来了深刻的变化。过去数年很多遭受失败的高科技公司在面对纷繁复杂、多变的环境时，由于无法作出适当的战略决策，最终跟不上时代的变化而退出商业舞台。以色列的国际组织领导力专家阿维德·戈兹曾指出，VUCA 时代的变化经常呈现跳跃性和震荡性，会产生很多破坏性的现象，给组织带来更多的管控风险，很多组织不能及时调整方向，无法及时适应新的环境，从而因错误的假设而迷失，因错误的航标而消失。无独有偶，哈佛商学院克莱顿·克里斯坦森教授在《创新者的窘境》中也描述了类似的现象：一些大企业管理规范，倾听客户的声音，持续改进自己的产品，但是还是失败了，其实是由数字经济的数字化—固定互联网—移动互联的演进规律导致的。❷《创新者的窘境》中描述的"延续性技术（Sustaining Technologies）和破坏性技术（Disruptive Technologies）之间存在重大战略性差异。但实际上破坏式创新是什么？它有哪些规律？克里斯坦森教授并没有给出解释。本书的目的正是探索破坏式创新的本质，在 VUCA、破坏式创新等不确定

---

❶ 李晔.VUCA 时代，加快建设国家安全码体系"国家核心新型基础设施"[J].上海质量，2020（4）：27-28.
❷ 克莱顿·克里斯坦森，胡建桥.创新者的窘境[J].华东科技，2019（6）：79.

性中找到确定性的规律。

20世纪90年代是工业经济向数字经济交叉过渡的时代，各行业发生巨大变化。随后，"VUCA"被商业人士用来描述已成为新常态的、混乱的和快速变化的商业环境。自21世纪以来，随着数字化技术、通信技术、信息技术、计算机技术、互联网产业的发展，不同技术在不同行业的跨界融合加速，带来了丰富多彩的新概念、新理念，如图1-1所示，但是这些新技术与新理念的本质、内涵和外延是互相交叉的。

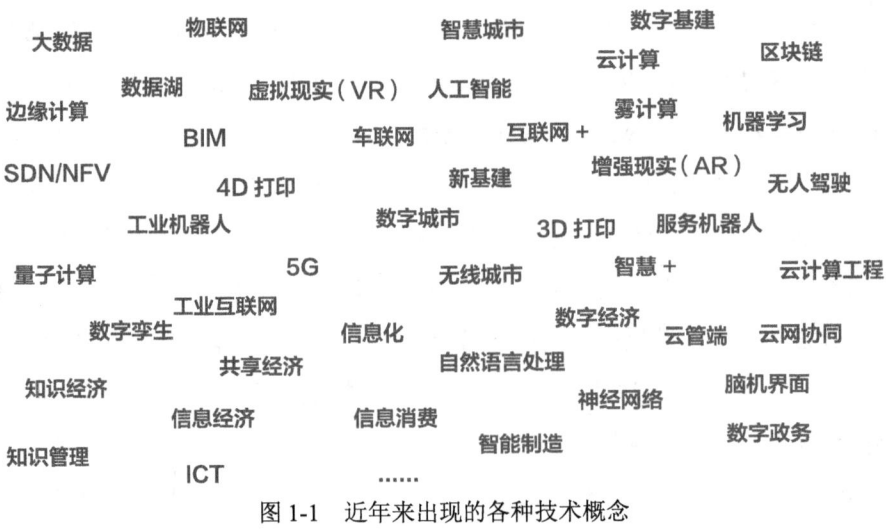

图1-1　近年来出现的各种技术概念

技术概念越多，人们越发迷惑，进而是对新技术的质疑，如图1-2所示，有的是纯粹的理念而不是技术。有学者形容这一现象为"科技沼泽"，称其会对科技的进步形成阻碍。❶作为长期从事通信与信息技术领域工作的技术管理者，我们有义务梳理这些技术背后的本质，整理出一套体系化的方法，将所有的新概念、新技术、新理念都装进这套体系中，帮助读者辨别它们背后的逻辑关系、发展顺序、本质区别、内涵与外延，从而在政策制定、天使投资、行业分析、工程咨询等领域有一个理论和认知的知识储备，绕开"科技沼泽"，避免走弯路。

在理解技术演进发展史上，出于对过去技术发展的回顾总结，目前主流的

---

❶ 李侠. 走出创新沼泽：科技"炒概念"现象及其治理[J]. 人民论坛，2020（8）：132-135.

分析采用的是 Gartner 技术成熟度曲线（以下简称"Gartner 曲线"），如图 1-2 所示。

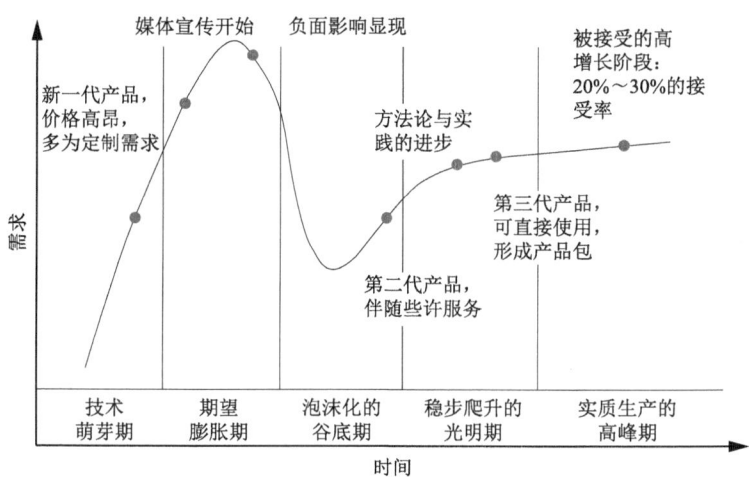

图 1-2　Gartner 技术成熟度曲线 ❶

Gartner 曲线存在以下假设：一是认为行业内提出新技术、新概念、新理念是科学的；二是认为新技术代表的是新产业，所以技术成熟度与产业发展可以融合在一起分析；三是认为新技术、新概念之间是互不兼容的，是独立的。以上三个假设看起来都是有规律可循的，但在逻辑上都是经不住推敲的。首先，新技术、新概念和新理念都是人们的一种愿望，而不是客观存在的事实，且它们是不断发展变化的；其次，既然有些名词是人们想象出来的，还需要不断完善，那么就不一定会发展为一个行业，甚至一个产业；最后，不同的新技术之间也存在一定的概念交叉和再认知的过程。

Gartner 曲线告诉我们，要冷静看待新技术，不要过度炒作。但是 Gartner 曲线没有将新技术放在人类社会发展演进的角度去分析。社会演进的不同时间段、不同国家和地区、不同行业存在发展的先后顺序，因此不可能同时存在于图 1-2 中任何一个发展时期，即技术经济的进化是逐步演进的，是体系化的发展，是对抗熵增的某种秩序。我们希望有新的模型来解释这种秩序。人类历史经历了采集经济、渔猎经济、农业经济和工业经济，再往后发展是什么经济形态呢？这就是

---

❶ 参见百度百科 https://baike.baidu.com/item/%E6%8A%80%E6%9C%AF%E6%88%90%E7%86%9F%E5%BA%A6%E6%9B%B2%E7%BA%BF/2551258?fr=aladdin.

本书要探讨的内容。

## 二、技术经济进化论（ROSE 模型理论）

众所周知，达尔文的进化论是自然界生物起源和发展演进的理论。社会层面的技术经济演进规律是怎样的？上文分析了一些技术经济演进的主流观点，采集经济、渔猎经济、农业经济、工业经济是大家认可的发展阶段，而信息社会的主要经济形态为数字经济，由此，人类历史时间轴上技术经济的演进过程为六大阶段：采集经济、渔猎经济、农业经济、工业经济、数字经济、智能经济。

1. 采集经济阶段

人类在 300 万年以前以采集植物为生，此时人类从森林逐渐走向平原，是直立行走形成的时代。截至 2019 年年底，公认最早出现的人类是南方古猿，南方古猿是正在形成中的人的晚期代表。南方古猿化石第一次被发现是在 1924 年南非西北省的塔翁（Taung）地区，为 6 岁左右的幼年个体。

本书提到的采集经济不同于传统意义上的采集经济，是指从自然界直接获取粮食、食用果实、工具、矿产资源、能源的经济形态，其并没有随着时代的进步而消失，反而成为一个经济部类，这是本书的一个新提法。虽然在实践中，太阳能、矿产、石油、天然气的开采属于工业经济统计范畴，但是从本质上，开采这个环节是纯粹利用不可再生资源。把采集经济独立出来的目的是让大家认识到其对于农业经济、工业经济的基础作用，采集经济为渔猎经济提供了捕猎的诱饵，为农业经济提供了种子来源，为工业经济提供了能源和原材料，同时采集经济也受后续经济形态的反作用力。

2. 渔猎经济阶段

随着人口的增加，植物的采集已不能满足人类的物质需求，人类社会逐渐向渔猎社会过渡，并在这个过程中掌握了石器、取火等技术。渔猎经济时代的人们已经不满足从自然界获取植物，也许是一次偶然的雷击导致的山火，使原始智人发现被烧烤过的野生动物食用味道更佳，从此早期人类发现了火的妙用，最后掌握了钻木取火技术。这个例证说明，人类并不一定先有科学才有技术，反而是先有了以经验为主的技术，才会在茶余饭后思考"诗和远方"。

### 3. 农业经济阶段

南方古猿在渔猎时代四处寻找食物。男人出门打猎，打回来的猎物吃不完就圈养起来，从而需要采集植物或者果实来喂养圈养的动物，此时人们发现采集的植物可以种植，树枝和植物的根茎可以用来搭茅草屋，于是人们便定居下来。

人类社会的生存离不开水源，因此古代农耕民族大多傍水而居，农耕文明主要集中在古巴比伦的幼发拉底河和底格里斯河、古埃及的尼罗河、古印度的印度河流域和古代中国的黄河流域。在漫长的6000多年的时间里，农耕技术经历了青铜器和铁器两个时代；经过了刀耕火种、人力耕作、畜力耕作的农业阶段。解决了人类生存的粮食问题，建设了人类繁衍的基础，随着粮食的剩余，早期的交易集市和大地主的粮仓存储地点便形成了最早期的城邦。当前，研究农业经济的最大意义是，全球有一半以上的人口以农业或半农业作为收入来源，而发达国家这一数字占本国人口总数不到1%，农业经济的发展是人类发展木桶效应中最薄弱的一环。农业经济如果发展不好，那么城镇化问题、贫困问题就会接踵而来。

### 4. 工业经济

采集经济、农业经济的发展带来了工业的雏形。最早的蒸汽机雏形来自英国采集经济中采矿业的抽水机；最早的工业是农业经济社会中棉纺织、工具冶炼等各种作坊。人类进入工业社会以18世纪60年代英国工业革命的开始为标志，包括蒸汽机时代和电气技术时代两个阶段，蒸汽机从采矿业延伸到交通领域。人类科技发展在交通领域大放异彩：从农耕时代的马车、牛车，到工业时代的蒸汽机车、电气机车、汽车，再到信息化时代各种交通监控、ETC计费、交通路口自动指挥、网络约车、车联网，再到人工智能交通时代的无人驾驶汽车、无人驾驶公交车、无人驾驶轨道交通工具等，交通领域代表了社会技术经济发展的"前锋"。工业时代创造了城市及重工业体系、轻工业体系、交通路网等。按照传统提法，工业革命表现为四次：蒸汽技术革命（第一次工业革命）、电力技术革命（第二次工业革命）、计算机技术革命（第三次工业革命）、互联网产业化和工业智能化（第四次工业革命）。然而，上述提法还停留在传统工业思想阶段，实际上当每个阶段社会的生产力达到一定上限时就会发展到一个新的社会形态，后一种社会形态会改变前一种社会形态的生产方式，后一种社会形态所带来的社会进步以前一种社会形态社会增加值的形态呈现。工业时代生产的是机械产品，而工业产品网络化已成趋势，届时制造业产品将被视为电子产品或者网络产品。

### 5. 数字经济

什么是数字经济？二十国集团（G20）在2016年给出的定义是：以使用数字化的知识和信息作为关键生产要素，以现代新型网络作为重要载体，以信息通信技术（ICT）的有效使用作为效率提升和经济结构优化的重要推动力的一系列经济活动。❶ 在此种模式下，经济将得以实现全新发展。有学者指出，数字经济是人类社会农业经济、工业经济之后全新的发展形态，它相对于工业经济能带来更加有效的规模经济。❷ 可以看出，数字经济是工业经济发展到一定程度的必然阶段，而这个必然阶段早已在工业经济时代就有了萌芽，只不过由于当时技术条件的限制，其发展是循序渐进的。本书认为，数字经济是对物理世界中的人和物的活动的状态（包括静态和动态两个方面）进行数字化描述，并通过互联网（包括物联网）技术推动数字世界与物理世界进行交互、相互作用，从固定互联网（物联网）向移动互联网（物联网）演进，逐步实现数字世界与物理世界的同步孪生映射，且通过数字世界的光速传输、高速计算，缩短物理世界的时空限制，以达到提高物理世界运转效率并形成数字文明成果的过程。

在数字时代，数字世界将物理世界通过数字编码的形式映射到虚拟的网络世界，使人、物、事之间的相互作用打破物理时空限制进行互联，信息互通或通过信息系统数据算法工具互相调用，形成数字科技经济模式。2017年，全球发达国家（美国、日本、德国、英国）数字经济占本国国内生产总值比重已超过

---

❶ G20数字经济发展与合作倡议 [EB/OL].（2016-09-20）[2019-09-09]. http://www.g20chn.org/index.html.

❷ 吴一品. 数字经济推动实体经济的发展路径 [J]. 中国商论，2020（3）：4-5.

50%，美国数字经济规模排在全球首位，已超10万亿美元，占美国国内生产总值比重超过60%。融合型数字经济的主体地位进一步巩固，主要国家融合型数字经济占比普遍超过70%，少数国家甚至接近90%。中国信息通信研究院2020年4月发布的《中国数字经济发展与就业白皮书（2019年）》显示，我国数字经济持续快速发展，2018年数字经济规模已达到31.3万亿元，增长20.9%，占国内生产总值比重为34.8%。数字经济已成为近年来带动经济增长的核心动力，成为继工业经济之后的主要经济形态。

**6. 智能经济**

智能经济是数字经济阶段之后的形态，是本书预测的未来社会技术经济进化阶段，并在当前有了雏形。数字经济虽然依靠光速加速了信息的传递和最大化的复用来提升规模经济，但并没有使人类摆脱大量的劳动，而且数字经济的发展也把人类束缚在了数字世界。所谓智能经济，就是以数字经济的充分发展为基础，通过人工智能进一步提高生产与生活的规模经济，并通过专用领域的人工智能向通用领域人工智能转变，最后实现安全可控的超级人工智能，进一步替代大部分体力劳动和脑力劳动，使人类拥有更具有创新价值的生产生活。李彦宏提到，过去十年是"互联网经济"时代，未来十年，"智能经济"将成为中国经济的标签。[1]虽然李彦宏的判断有些尚早，因为只有数字经济充分发展，智能经济才有可能成为现实。从工业经济时代开始，人们就在不断追求让机器最大化参与生产生活，以减少人的劳动强度，进而降低人工成本，减少枯燥乏味的重复劳动对人类的伤害。人工智能（Artificial Intelligence，AI）经济形态是利用算法、算力、数据三大基础技术开展机器学习，并通过计算机软件、智能硬件、仿人机器人等展现形式，使机器具备听、说、读、写、触觉、思考、行为等思想与判断及行动能力，并在专用领域或通用领域代替人的体力劳动或脑力劳动的社会经济形态。智能经济明确了人工智能技术经济体系的发展方向，其过程是渐进式的。代表硅谷等科技行业发展利益和需求的美国信息技术产业理事会（ITI）发布了首份《人工智能政策原则》。文中提到，预计到2025年，人工智能技术将为全球提

---

[1] 李彦宏. 未来十年，智能经济将成中国经济新标签 [J]. 中国机电工业，2020（1）：38-40.

供 7.1 万亿美元至 13.17 万亿美元的经济增长。围绕这项庞大的产业规模，全球主要国家都把人工智能放在重要前沿战略位置。

人工智能的基础设施主要依赖数字经济的发展，包括数字化、5G 网络、物联网、"互联网+"、数字孪生、云计算、边缘计算、大数据难题的解决。人工智能需要的算力在当前这个"冯诺依曼架构"的计算时代是不经济的。例如，AlphaGo 每下一盘棋成本为 3000 美元，且这种算法还是在规则已定的环境下，并不是充满随机性的现实社会。未来智能经济时代的算力依靠的是量子计算法则，谷歌量子系统在 2019 年只用 200 秒就完成了一个计算，而同样的计算用当前最强大的超级计算机 Summit 执行，需要约 10000 年。❶ 电子计算机的一个比特（bit）可以将信息传送为"0"和"1"其中的一种状态，一个量子比特（qubit）可以同时为"0"和"1"，两个量子比特叠加就是 4 种状态，如果多个量子比特状态叠加，就是量子排列组合，从理论上来说，叠加态越多，可以计算的信息量越大。截至 2019 年年底，人类可以实现的量子叠加是 53 个。简言之，工业经济和数字经济时代依靠的是化石能源、电子计算，而智能经济时代将更多地依靠核能的小型化、量子计算。

人工智能的技术进步会反哺、加速工业经济、数字经济进程，其使发展中国家的工业进程由两化融合走向三化融合：工业化、数字化、智能化。这里的数字化指机器的数字化，分为工业互联网、工业物联网、工业数字孪生三个阶段；智能化特指人工智能。

## 三、发展阶段之间的相互作用机理

技术经济演化的每个阶段都是科技与行业发展互相作用的结果，科技越发展，衍生的行业越多，社会分工越细，人类的物质文明和精明得以大量积累，由此每一阶段的发展为后一阶段提供发展基础的同时又促进前一发展阶段生产力的提高。在这种互相促进的过程中，每一阶段的演进相对上一阶段时长大大缩

---

❶ 谷歌取得量子计算突破：200 秒完成经典计算机 10000 年计算任务 [EB/OL]. [2019-09-09]. https：//www.tmtpost.com/4177515.html.

短。例如，工业社会为农业社会提供了机械化工具，实现了农业机械化；信息化社会为工业社会提供了数控设备、工业互联网、工业制造信息系统；智能技术为工业经济制造行业提供了智能制造、工业机器人、无人工厂，为数字经济提供了智能检索、神经网络工具、软件自动化开发。人类用 6000 年时间完成了农业建设，用 200 年时间完成了工业化建设，然后用 60 年时间完成了数字经济的大半进程，当前进入人工智能经济萌芽期。可以说，人工智能经济形态是基于数字经济之后新的经济形态，是建立在数字化、互联网化、信息化基础上的社会经济形态。因此，我们可以用图 1-3 表示这一进化规律，我们把这种演进称为"科技与经济演进的关系"（The Relationship of System and Technology and Economic Evolution，ROSE），"ROSE"，它本身是一个分析模型。

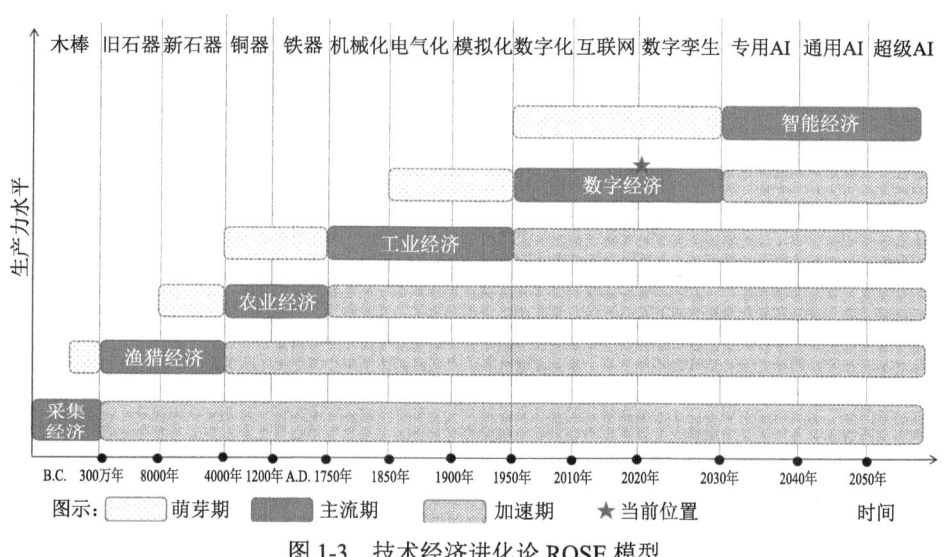

图 1-3　技术经济进化论 ROSE 模型

如图 1-3 所示，技术经济进化论模型呈现以下特点。

第一，进化叠加发展特点。

每个发展阶段都不是突然出现的，都有萌芽期、主流期、加速期。在农业经济正式来临之前，人们在渔猎经济时期就已学会种植采集来的植物种子、饲养圈养的家禽。在农业经济时代，农业工具、兵器、祭祀工具的冶炼锻造作坊、羊毛纺织作坊恰恰也是工业经济的雏形；在数字经济到来之前，人们就已经掌握了密码机、图灵机、摩斯密码、香农定理等数字化技术雏形；在智能经济到来之前，人们就已经迫不及待发展人工智能，最典型的就是1956年达特茅斯会议中"人工智能"概念的提出。由于数字经济发展还没有完成它的使命，人工智能呈现三起三落的发展进程。第一"起"是"达特茅斯会议"，第一"落"是"自然语言项目失败"；第二"起"是"专家系统"，第二"落"是"专家系统项目的失败"；第三"起"是"GPU神经网络"，第三"落"是"机器学习的错误率依然很高"。掌握这种进化叠加发展特点对中国经济发展有很大的借鉴意义：一方面，掌握规律后可以减少重复摸索的成本，少走政策弯路；另一方面，可以集中精力主攻当前阶段的重要环节，避免精力分散、浪费时间。

第二，不平衡发展特点。

发达国家在20世纪中期完成了传统的工业化进程，如美国1955年完成了工业化，法国1965年完成了工业化，日本1973年完成了工业化，韩国1995年完成了工业化，中国到2020年基本实现工业化，2035年才能实现全面工业化。❶我国工业门类比较多，但是工业大而不强，工业产品在全球市场的占比不高。当前，全球经济正处于互联网大发展的机遇，但世界上仍有一半人口没有接入互联网，这为中国工业制造业提供了很大的爬升空间。

第三，融合发展特点。

正是因为发展不平衡，不同国家和地区所处演进阶段不同，才催生了融合发展的特点。所谓融合发展体现为两个方面：对于发达国家来说，融合发展就是当前经济发展阶段带动之前的经济形态继续加速发展；对于发展中国家来说，可以引进发达国家的技术，发展本国的工业、农业、渔猎业、采集业。中国早在21世纪初就提出了"两化"融合的新型工业化道路：工业化与信息化融合发展，此处的信息化其实就是数字经济的代名词，而且必将促进"三化"（工业化、信息化、智能化）融合道路的发展。

第四，产业分类特点。

传统的产业分类是三大产业分类法：第一产业为农业，第二产业为采矿业、

---

❶ 在2019年第五届中国制造强国论坛上，中国工业经济联合会会长、原工业和信息化部部长李毅中在发言中提出。

工业制造业；第三产业为服务业和交通运输业。这种分类方法是工业经济时代的产物，属于工业本体论。在互联网经济还没有大发展之前，这种分类方法中的服务业其实就是工业的管理、后勤、物流外包，本质上还是工业范畴。数字经济的大发展带来了服务业的大发展，衍生了互联网服务业、工业数字化配套产业。

## 四、技术经济进化论的量化证明

每个时代的重大更迭都是因为其中的生产要素发生了剧变，而生产要素的变化都以其中的技术进步为主要引领。从渔猎经济的石器、火等技术，农业经济的农耕技术，到工业经济的工业发展技术、数字经济的数字技术，再到人工智能经济的人工智能技术，可以看到，正是每个时代的技术进步 $H(t)$，使资本 $K$ 和劳动力 $L$ 等生产要素的效率获得同步提高，才推动了时代的更迭。因此，我们简单将每个时代的技术进步都定义为希克斯中性。在资本劳动力比（$p=K/L$）不变的条件下，我们就可以将一个时代经济的一般生产函数

$$Y=F(K, L, t)$$

定义为

$$Y=H(t)F(K, L)$$

其中，$H(t)$ 为由于技术进步的作用而产生的函数系数，通过度量 $H(t)$ 可用来测算技术进步对经济增长的影响。

某个时代（$T$）的生产要素包含劳动力（LAB）、土地（LAN）、资本（CAP）、企业家（ENT）、技术（TEC）与信息（INF）等，因此这一时代（$T$）的经济形态与其社会科技进步的关系 RSE 可表述某个时代（$T$）的全生产要素总产出 $RSE_T$：

$$RSE_T = H(t)_T F(LAB_T, LAN_T, CAP_T, ENT_T, INF_T)$$

此外，在经济时代过渡阶段，新生时代必然会对前一个时代的经济形态产生影响。例如，数字经济的到来必然会影响工业经济的生产方式和生产内容。我们将 $T$ 经济时代对 $T-1$ 经济时代的影响因子定义为 $\delta_T$，如图 1-4 所示。

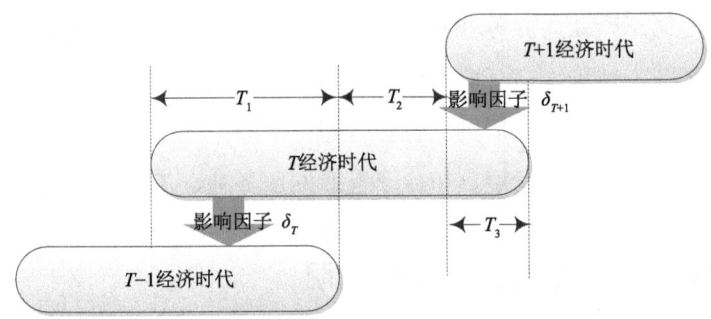

图 1-4　经济时代间的影响因子

即有时代过渡阶段：

$$\text{RSE}_{T-1} = \delta_T \cdot \text{RSE}_T$$

为了消除各时代宏观经济变量之间可能存在的递增型异方差，我们对上述计量经济模型进行对数处理，得到：

$$\text{dRSE}_T = \text{d}\delta_{T-1} + \text{d}H(t)_T + \text{d}\beta_{\text{LAB}}\text{LAB}_T + \text{d}\beta_{\text{LAN}}\text{LAN}_T + \text{d}\beta_{\text{CAP}}\text{CAP}_T \\ + \text{d}\beta_{\text{ENT}}\text{ENT}_T + \text{d}\beta_{\text{INF}}\text{INF}_T$$

其中，$\beta_X$ 是生产要素 $X$ 的产出弹性，表征生产要素 $X$ 在全生产要素总产出中的贡献份额。

$$\text{d}X_T = \ln X_T - \ln X_{T-1} = \ln X_T / X_{T-1}$$

上式表示 $\ln X_T$ 的差分，在泰勒级数 $T-1$ 期展开时近似为 $X$ 的增长率，此时时代 $T$ 的全生产要素总产出增长率表示为

$$\ln\left(\text{RSE}_T / \text{RSE}_{T-1}\right) = \ln\left(\delta_{T-1} / \delta_{T-2}\right) + \ln\left(H(t)_T / H(t)_{T-1}\right) \\ + \alpha_{\text{LAB}}\ln\left(\text{LAB}_T / \text{LAB}_{T-1}\right) + \alpha_{\text{LAN}}\ln\left(\text{LAN}_T / \text{LAN}_{T-1}\right) \\ + \alpha_{\text{LAN}}\ln\left(\text{CAP}_T / \text{CAP}_{T-1}\right) + \alpha_{\text{ENT}}\ln\left(\text{ENT}_T / \text{ENT}_{T-1}\right) \\ + \alpha_{\text{INF}}\ln\left(\text{INF}_T / \text{INF}_{T-1}\right)$$

其中：

$$\alpha_X = (\beta_X + \beta_{X-1})/2$$

在规模收益不变的情况下，各种生产要素的产出弹性之和为自然数 1，通过证伪思路，我们依次列举不同情况。

当 $\sum_{i=t}^{T}\beta_i < 1$ 时，表明在现有技术进步 $H(t)$ 条件下，通过扩大劳动力（LAB）、土地（LAN）、资本（CAP）、企业家（ENT）、技术（TEC）、信息（INF）等生产要素来增加全生产要素总产出是无益的，必须更新现有技术水平。这往往发生在前序时代更迭时间段 $T_1$，旧生产技术成为阻碍各资源流动的桎梏，这也是时代更迭的根本原因。

当 $\sum_{i=t}^{T}\beta_i = 1$ 时，表明在现有技术进步 $H(t)$ 条件下，扩大劳动力（LAB）、土地（LAN）、资本（CAP）、企业家（ENT）、技术（TEC）、信息（INF）等生产要素并不会提高全生产要素总产出，只有不断提高现有技术水平，才能不断提高全要素生产效率。这往往是一个时代的渐进发展过程 $T_2$，也是时代更迭的不竭源泉。

当 $\sum_{i=t}^{T}\beta_i > 1$ 时，表明在现有技术进步 $H(t)$ 条件下，通过扩大劳动力（LAB）、土地（LAN）、资本（CAP）、企业家（ENT）、技术（TEC）、信息（INF）等生产要素来增加全生产要素总产出是有利的。这往往发生在后至时代更迭时间段 $T_3$，新生生产技术能有效促进各生产要素流动，这也是时代更迭的根本动力。

其原理如图 1-5 所示。

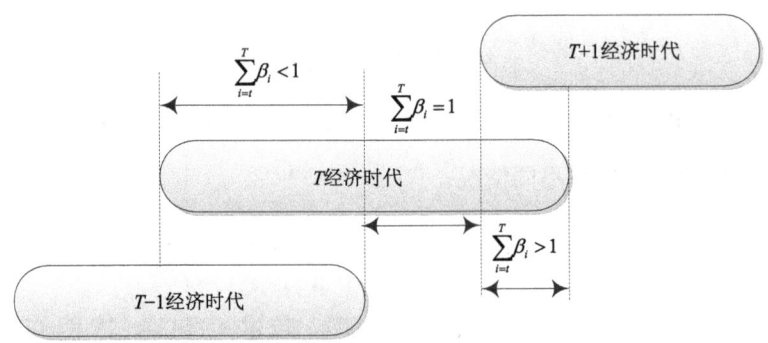

图 1-5　经济时代与生产要素产出弹性之和的关系

综上所述,我们提出的理论模型覆盖整个时代更迭,不可证伪。

## 五、基于技术经济进化论的分析

六个阶段的技术经济进化过程基于劳动力解放、人类财富积累逻辑、信息流、能量流、生产要素视角,这些视角反过来也在证实技术经济进化论的正确性。其与技术经济进化论是高度契合的,可以解释人类发展的进程(表 1-1)。

表 1-1　基于技术经济进化论的不同视角分析

| 进化视角 | 采集经济 | 狩猎经济 | 农业经济 | 工业经济 | 数字经济 | 智能经济 |
| --- | --- | --- | --- | --- | --- | --- |
| 劳动力解放 | 生存与繁衍 | | | 解放四肢 | | 解放劳动 |
| 人类财富增长逻辑 | 物理的世界 | | | 物理的世界、数字的世界 | | 人的物理世界、AI 的物理世界、人的数字世界、AI 的数字世界 |
| 信息流 | 声音与手势 | 壁画、甲骨文、交谈 | 竹简、书籍 | 书籍、胶卷影像与磁盘磁带 | 书籍、数据存储、数据中心、互联网、物联网等 | 书籍、数据存储、数据中心、互联网、物联网、智联网 |
| 能量流 | 太阳能 | | | 太阳能、矿产能源 | 太阳能、矿产能源、数据、算力 | 太阳能、矿产能源、数据、算力、机器学习 |
| 生产要素 | 土地 | 土地 | 土地、劳动力 | 土地、资本、劳动力、企业家才能 | 土地、资本、劳动力、企业家才能、数据 | 土地、资本、企业家才能、数据、机器人 |

## 1. 劳动力解放

解放生产力的关键是解放劳动力。[1]在采集经济、渔猎经济、农业经济时代，人们主要靠的是纯体力劳动，人们被束缚在食物的探寻和土地的耕作上，目的是生存和繁衍，因此劳动力本身成为最大的生产要素。为了控制劳动力生产要素，集权产生了，形成了奴隶与奴隶主的依附与被依附关系。随着工业经济的发展，人们依靠机械来替代人的简单劳动，机器的作用被放大，此时人们逐步实现了自由，四肢得到了部分解放。到了数字经济时代，随着工业互联网、电子商务的发展，大部分人从繁重的劳动中逐步解脱出来，计算机代替了部分脑力劳动。在智能经济时代，劳动力可以完全被机器替代，这是技术经济进化论的终极形态。那时社会生产力高度发达，社会福利水平高，人们不用担心就业问题，人们劳动时间与休息时间的组合从"5+2"逐步变成"4+3"，"3+4"……，劳动的形态、地点和时间更加自由。

## 2. 人类财富增长逻辑

在采集经济、渔猎经济、农业经济、工业经济的渐次发展过程中，物理世界的物质财富在逐渐积累。历史证明，只有充分抓住技术经济进化契机的国家才会抓住财富增长的逻辑，才会在激烈的国际竞争中立于不败之地。

工业经济之前的经济形态都是在创造有形的物理世界财富，这种财富一个很大的特点就是有生命周期，因此创造的物质财富会消失。数字经济则不同，人们通过知识的传播、数据的无限次复制使知识迅速在数字世界增值，进而促进其在物理世界增值，因此人们将 21 世纪称为"知识经济时代""信息经济时代"。

进入数字经济时代，人们通过预设的数据控制生产线上产品的尺寸和精确度，所有物品的生产通过安装嵌入计算机的芯片实现了数字化。2000 年左右，互联网大规模普及，所有含有芯片的数字化设备，包括服务器、个人计算机、装有芯片的泛计算机设备通过互联网实现了互联互通。2019 年，我国网上零售额达 106324 亿元人民币，占社会消费品零售总额的比重为 20.7%，而且这个比例以每年 15% 左右的速度增长。物理世界映射到了数字世界，并通过反作用于物

---

[1] 杨伯舫. 解放生产力的关键是解放劳动力 [J]. 现代哲学，1993（2）：6-10.

理世界，让后者的生产效率更高、交流成本更低。据国际货币基金组织（IMF）的计算，2019 年全球的国内生产总值总量约为 86.6 万亿美元，而到 2020 年超过了 121 万亿美元，这取决于数字化、互联网与物联网及数字孪生的渗透率，数字经济本身就是实体经济。❶

未来 30 年，大力发展数字经济基础设施，并将其融入各行各业的窗口期，将为下一步智能经济的发展打下基础，并有助于提前布局智能经济发展的前沿科技体系。

3. 信息流

古往今来，人类一直通过各种介质传递、存储信息，从采集经济时代人类用肢体动作描述事物到渔猎经济时代用实物来描述事物、农业经济时代用文字描述事物、工业经济时代用电磁波描述事物、数字经济时代用数字描述事物，再到智能经济时代用算法描述事物，无不体现着人类存储信息方式在不断发生变化。

人类获取的文明和知识在渔猎经济社会通过绳结、岩画、龟甲等记录下来；在农业经济社会通过竹简、布匹、碑文记录下来，进入手工作坊早期则通过纸张记录下来；工业经济时代人类对信息的存储并没有大的飞跃，一直到计算机的发明用的都是纸张的记录。工业经济的发展为数字经济的到来奠定了基础，19 世纪爱尔兰逻辑学家乔治·布尔将逻辑命题的思考过程转化为符号"0"和"1"的某种代数演算，"有"和"无"即代表了世界，"0"和"1"的组合代表了世界上的所有事物。数字电子技术的诞生一般以 1946 年美国人发明计算机为标志，1950 年人类真正进入了数字经济社会，经过多代科学家和技术发明者不懈的努力，数字世界的雏形终于来到我们面前。

4. 能量流

能量是人类赖以生存与繁衍的根本。在采集经济、渔猎经济、农业经济时代，人们主要依靠太阳能：采集经济依靠植物的光合作用获得种子；渔猎经济的

---

❶ 马云谈打造全国数字经济第一城：实体经济必须数字化 [J]. 领导决策信息，2019（5）：26-27.

能量流来自太阳能转化生物链上的高等级动物；农业经济继续依靠太阳能进行农作物的光合作用获得食物，且人们逐渐掌握了通过火烤方式锤炼农业工具，并开始使用地表的煤炭资源冶炼金属、制造农业工具和冷兵器，铜矿石、铁矿石、煤炭等资源逐步扩大使用。进入工业经济时代后，工业产品除了满足当地人的需要，产品还被销售到其他地区，而商业的发展需要通信，传统的书信已经无法及时满足市场需求，于是人们直接从设备中提取数据进行人与物、物与物之间的交互，算力变成巨大的生产力。2020年5月，谷歌最新公布的32位比特的量子计算机在200秒内的算力相当于最强大的冯·诺依曼结构的计算机100万年的算力。

数据越来越多，2020年全球数据已经达到了20ZB，产业的数字化推动了经济的转型升级，数字的产业化则催生了智能经济。数据作为机器学习的"食粮"得以利用，就像最早的人类直接从自然界获得食物。人工智能的"食粮"就是数据，主要是结构化数据。由于大部分数据为非结构化数据，人工智能通过结构化知识的学习，可以解构非结构化数据，使之成为结构化数据，这是智能经济对数字经济的反哺机理，就像数字经济的互联网对工业经济的反哺、工业经济的机械化对农业经济的反哺那样。

**5. 生产要素**

采集经济时代和渔猎经济时代，人们主要从大自然索取资源，土地和土地上的动植物是人们赖以生存的基础，土地成了最基本的生产要素，而钻木取火、打猎技术、捕鱼技术、搭建原始房屋的方法等是人类最早的技术和劳动经验的总结。可以说，技术作为生产要素在渔猎经济时代就已出现，并且一直到智能经济时代不断加速着社会的进步，起到的作用越来越大。

在农业经济时代，人是主要劳动生产要素。随着农具的发展，畜力开始作为主要劳动生产要素，耕牛、马匹的使用和普及产生了"马力"这一功率单位。农业经济时代的技术甚至还催生了早期的数学、天文、历法、冶炼技术。例如，古埃及人通过丈量土地掌握了简单的几何学知识，中国农历与土地耕种、收获时间完美结合等。

改革开放后，我国人口红利促进了经济的大发展。在电气化、模拟电路时代，人们对机械的管理更加精细化，能效快速提升，技术成为工业经济时代重要的生产要素。从机械化、电气化到模拟电路，工业经济时代经济发展无不依靠技术的进步。工业经济时代还有一个很重要的生产要素，即企业家创造力，企业家的知识结构、管理经验和思维方式决定了企业的发展方向和发展前景。

随着欧美国家传统工业经济三大阶段的完成，伴随着计算机、数字化技术、互联网、物联网技术、数字孪生技术等数字经济时代新技术的发展，发达国家提出了再工业化，数字经济开始渗透到社会生活、工业制造业各个领域，数据成为人们生产生活不可或缺的要素，人们由此提出了工业互联网、工业大数据、工业机器人等发展方向，而这些都需要以数据和算力作为基础。当前，各国正在着力发展以工业互联网为代表的工业4.0，其实工业4.0本质是工业经济在数字经济阶段的再次进化。我国提出的"智能制造"战略，将对传统的"世界工厂"进行升级改造，提高产品附加值和竞争力。

由于智能经济必须以数字经济的发展为前提，所以，中国企业要在数字化程度较高的行业、企业率先推动人工智能的技术应用，实施工业经济、数字经济和智能经济融合战略。

# 第二章
## 数字经济演进的三大阶段

## 一、概述

在工业化后期的模拟经济时代，人们通过磁盘存储数据，这些模拟化的数据后来逐步被转换成数字化的数据，因此没有工业经济时代的模拟电路作为基础，就不可能有数字经济时代的数字电路。

"数字经济"这一术语最早是在1996年由美国信息技术咨询专家唐·坦普斯科特在《数字经济：网络智能时代的希望和危险》一书中提出的。MIT媒体实验室的创立者尼古拉斯·尼葛洛庞第提出的"数字经济"定义是早期定义中较有影响力的，其将数字经济描述为"利用比特而非原子"的经济。

关于"数字经济"的定义，G20杭州峰会发布的《二十国集团数字经济发展与合作倡议》提到：以使用数字化的知识和信息作为关键生产要素、以现代信息网络作为重要载体、以信息通信技术的有效使用作为效率提升和经济结构优化的重要推动力的一系列经济活动。❶

有学者认为，"数字经济是主要以数字技术方式进行生产的经济形态，并呈现四大特征：数字经济是从技术角度区分的经济形态；以数字技术方式进行生产；不宜进行作用和价值判断；一个具有时效性的概念"❷。

对于数字经济对社会的深刻影响，法国哲学家及科学史专家米歇尔·塞尔对于数字化人类未来做过乐观的预测："靠一个数字化的、自由链接的世界，新的一代人将在认知上获得史无前例的解放。"就像工业经济促进了社会生产关系、生活方式变化的变化那样，数字经济让社会治理层级扁平化。这再次说明，社会

---

❶ 二十国集团数字经济发展与合作倡议 [EB/OL].（2016-09-29）[2019-02-28]. http：//www.cac.gov.cn/2016-09/29/c_1119648520.htm.

❷ 李长江. 关于数字经济内涵的初步探讨 [J]. 电子政务，2017（9）：84-92.

形态变革的终极原因，要到社会生产力的变化中去寻找。

本书把"数字经济"定义为：将物理世界中人和物的活动的状态（包括静态和动态两个方面）进行数字化描述，并通过互联网与物联网技术将数字化的描述进行交互，从固定互联网（固定物联网）和移动互联网（移动物联网）演进，逐步实现数字世界与物理世界同步孪生映射，然后通过数字世界的光速传输、高速计算缩短物理世界的时空限制，以达到提高物理世界运转效率并形成数字文明成果的活动过程。

数字经济的发展不可能一蹴而就，在不同国家和地区、不同行业体现为不同的发展水平。就我国来说，数字经济经历了三大阶段：数字化阶段、互联网（物联网）阶段、数字孪生阶段，对应数字经济的1.0、2.0、3.0这三大阶段。

数字化阶段（1980—2000年）。我国从1980年开始推动数字化，如GIS、数控机床、数字计算机、数字化光盘、程控数字交换机、数字多媒体设备等。设备的数字化使人们摆脱了笨重、低效模拟设备的束缚。数字化是互联网的前提，正是实现了数字化，互联网的OSI七层模型协议、TCP/IP协议等才得以实施。

互联网阶段（2001—2020年）。从2000年开始，我国互联网蓬勃发展，如腾讯公司于1998年成立，阿里巴巴公司于1999年成立，百度公司于2000年成立；我国从2010年左右开始大力推动物联网技术的研发与普及。而物联网与互联网本质上属于同一个发展阶段。

数字孪生阶段（2021—2030年）：在数字化、互联网的基础上，我国一些行业开始向数字孪生领域发展，通过引入一系列的仿真工具、软件平台、VR/AR技术，推动物理世界的模型化，如BIM建筑模型、数字孪生工厂、数字孪生城市等。

2015年发布的《2015中国信息经济研究报告》显示，2014年，我国信息经济总量达到16.2万亿元人民币，占国内生产总值的比重为26.1%。2016年发布的《中国信息经济发展白皮书（2016年）》显示，2015年我国信息经济总量达到18.6万亿元人民币，同比增长超过17.5%，显著高于当年国内生产总值增速，占国内生产总值的比重达到27.5%，这一年4G大规模普及，移动互联网时代全面到来。到了 2017 年，中国信息通信研究院发布的《数字经济发展白皮书 2017》显示，2016 年，中国数字经济规模达到 22.6 万亿元人民币，同比增长 18.9%，占国内生产总值的比重达到 30.3%，并分别发布了各行业数字经济的比重，服务业中数字经济占行业比重平均值为 29.6%，工业中数字经济占行业比重平均值为 17.0%，农业中数字经济占行业比重平均值为 6.2%。由此可见，实体经济不仅是制造业、农业这些有形的经济形态，数字经济的发展已经起到了中流砥柱的作用。中国信息通信研究院在第十六届中国互联网大会上发布的《中国数字经济发展与就业白皮书（2018 年）》显示，2018 年中国数字经济规模达 27.2 万亿元人民币，占国内生产总值的比重达到 32.9%；2019 年 4 月，在"2019 中国数字经济发展论坛"上中国信息通信研究院发布了《中国数字经济发展与就业白皮书（2019 年）》，报告显示，2018 年，我国数字经济规模达到 31.3 万亿元人民币，按可比口径计算，名义增长 20.9%，占国内生产总值的比重为 34.8%；2020 年 7 月发布的《中国数字经济发展白皮书（2020 年）》显示，2019 年我国数字经济规模达到 35.8 万亿元人民币，占国内生产总值的比重为 36.2%。

2018 年，国家开始意识到数字经济大潮的巨大牵引力。2018 年 11 月 5 日，在首届中国国际进口博览会开幕式上，习近平总书记宣布设立证券"科创板"，并实施灵活的注册制。2019 年 6 月，"科创板"开始营业，283 天内上市企业达到了 100 家，包含 39 家信息技术企业、25 家医药生物企业、15 家高端装备企业、12 家新材料企业、9 家节能环保企业，其中，15 家高端装备企业中也包含了工业机器人等企业，而且这 100 家企业也不乏数字经济发展的下一个阶段"智能经济"中的人工智能企业。

当前，我国正处于数字经济的 2.0 阶段（表 2-1），因此本章重点描述数字经济 2.0 时代特征。

表 2-1　数字经济的发展脉络

| 阶段 | 特征 |
| --- | --- |
| 数字经济 1.0 | 机器设备的数字化、信息记录的数字化 |
| 数字经济 2.0 | 互联网、移动互联网、物联网 |
| 数字经济 3.0 | 数字孪生生产、生活 |

## 二、数字经济 1.0 阶段

数字化的出现最早可以追溯到计算机的发明。众所周知，第一台计算机是诞生于 1946 年的 ENIAC。作为第一台计算机的研制者，数学家冯·诺依曼提出了计算机制造的三个基本原则，即二进制（0，1）逻辑、程序存储执行及计算的五部分组成，这套理论被称为冯·诺依曼体系结构。该体系今天依然指导着计算机的制造。

从模拟时代到数字时代，借助 0 和 1 及它们的组合，实现了生产生活的模拟参数转换为数字，这种模拟到数字的编码，再从数字化解码到模拟的呈现方式，是最初的数字化阶段。数字化在各行业的普及，市场需求不断增加，促进了数字化编码方法、计算架构、存储介质的不断升级。

以多媒体行业为例，从模拟化到数字化的转型升级通过两个过程展现：一是传统内容的数字化，即对传统平面内容、电视节目、广播节目的数字化；二是新的数字化内容的生产。在数字时代的催化下，内容逐步与原有专属媒介分离，如电视剧、电视节目不再专属电视，电影不再专属院线，内容产业开始成型；加之技术、网络协议的标准化，使媒介间的界限日益变得模糊，内容数字化、网络标准化使平台间横向打通，多元媒介出现对抗性融合与互补。

模拟信号数字化需要经过三个基本过程：

第一步是抽样，即以相等的间隔时间来抽取模拟信号的样值，使连续的信号变成离散的信号；

第二步是量化，把抽取的样值变换为最接近的数字值，表示抽取样值的大小；

第三步是编码，把量化的数值用一组二进制的数码来表示。例如，当传统模拟电视转换成数字电视后，用户能够收看的频道增多，此外还有诸多可付费收看的频道。另外，数字电视传输信号的抗干扰性、电视画面的清晰度也会大大提高。

又例如，模拟监控就是产生模拟信号，通过采集卡或者 OVR 将模拟信号转化为数字信号存储起来，或者通过更原始的方式，即通过录像带等介质将其储存起来。数字监控就是摄像头生产的数字信息，可直接进行处理。相对来说，模拟监控成熟，产生的图片清楚但不宜存储；数字监控相对模拟监控来说信号被压缩或处理过，图像稍稍差一些，但方便存储和处理。随着数字技术越来越成熟，数字监控的优势越来越突出。

此外，工业物联网、控制传感器数据、机对机通信和自动化技术的能力在不断革新机器数据捕捉和通信的方式。模拟到数字设备的转换正在创造自动化的机器，推动数字经济进入 2.0 阶段。

## 三、数字经济 2.0 阶段

### 1. 从产业数字化到数字产业化

随着科技的飞速发展，超大规模集成电路得到极大发展，纳米级芯片得到广泛应用。在计算机推动人类社会发展的过程中，人类已经意识到计算机提供的运算能力给人类社会生活带来的变化和重要作用。在这种背景下，互联网概念应运而生。

互联网概念最初起源于 1969 年美国国防部国防高级研究计算署 ARPANET（Advanced Research Projects Agency Net）国防高级研究计划署，当时主要用于军事指挥系统。进入 20 世纪 90 年代后，互联网的使用人数呈指数增长。全球上网人数在 1999 年 3 月仅为 1.71 亿人，而到 2000 年 3 月，已达 3.04 亿人，增长率为 78%。互联网为寻求自身新的增长点不断地进行扩张，其自身所蕴含的巨大扩张力迅速将其推向各个领域，互联网的使用者已不再是计算机专业人员，多种学术团队、企业研究机构，甚至个人用户亦纷纷加入。商业机构的进入，带来了互联网史上的一次新的飞跃，但同时在金融市场造成了互联网泡沫。2019 年，互联网用户数已经突破 40 亿，2000 年互联网过渡炒作引发的泡沫破灭也给人们推动 5G、工业互联网、数字孪生、区块链和人工智能带来了一些启示：技术是慢慢渗透，不是一蹴而就，尤其在对人类的生产生活有广泛、深度影响的领域，必须遵循从萌芽期、成长期、成熟期、衰退期的固有规律。

3G/4G 网络的覆盖使移动互联网兴起，同时，Wi-Fi 网络进一步推动了数据流量成本的下降，其流量比互联网时代增长了几何级别的倍数。

随着 4G、5G 的建设，物联网崛起了。顾名思义，物联网即万物相连的互联网。其通过射频识别技术（RFID）、全球定位系统（GPS）、红外感应器及激光扫描器等信息传感设备，按照约定的协议，将所有的物品与互联网连接起来，进行信息交换和通信，以实现智能化识别、定位、监控及管理。随着物联网的不断发展，数据量逐步增加，大数据处理技术应用而生，运用大数据技术能够为管理者提供有关数据支撑，相关工作人员也能通过对大数据技术的分析，发现运行物联网及大数据中运用主体的趋势及问题，找出下一阶段问题解决的有效方式。总而言之，大数据处理技术作为推进社会各行业发展的关键技术手段，促进了物联网技术的飞速发展。❶在工业经济时代，产品从工厂经过批发商、经销商最后到消费者手中，整条路径是不可知的；而在数字经济时代，在电商路径下，产品的销售路径都是数字化的，到了哪个批发商，到了哪个经销商，最后到了哪位消费者手中都是可知的。

随着互联网、物联网、大数据、云计算、人工智能、5G 技术的广泛应用，数字孪生终将走向世界的舞台。数字孪生技术能够在提高生产效率、优化供应链、改变预测域维护、有效缓解交通拥堵等领域发挥重要作用。越来越多的企业，特别是那些从产品销售向"产品+服务"捆绑销售转变的企业，或销售即服务的企业，正在广泛应用数字孪生技术。随着企业能力和成熟度的不断提升，我们可以预见未来会有更多企业使用数字孪生技术进行流程优化、数据驱动决策，设计新产品、新服务及业务模型。从长远来看，释放数字孪生技术的全部潜力，需要整合整个生态系统中的所有系统与数据。

2. 互联网经济渗透人类活动方方面面

如今，5G 时代已经到来，并逐步普及。5G 极大地满足了人们对于移动通信网络的需求，提高了生活品质。现代移动通信以 1986 年第一代通信技术（1G）发明为标志，经过几十年的爆发式增长，极大地改变了人们的生活方式。

1G 时代：只能语音传输。1G 表示第一代移动通信技术，代表是以模拟技

---

❶ 晨曦. 说说物联网那些事情[J]. 今日科苑, 2011 (20): 54-59.

术为基础的蜂窝无线电话系统，如现在已经淘汰的模拟移动网。1G 无线系统在设计上只能传输语音流量，并受到网络容量的限制。1G 时代，街上随处可见公共电话亭，大家腰带上都别着 BP（Beeper）机。

2G 时代：手机能上网了。第二代手机通信技术以数字语音传输技术为核心，只具有通话和一些如时间、日期等传送的手机通信技术规格。手机短信在它的某些规格中能够被执行，因此在美国通常称为"个人通信服务"。2G 时代手机还未普及，只是一个打电话的工具，想上网的人只能去网吧，所以会出现联系不上的情况，因此发电报和传真仍然是主要方式。

3G 时代：随时随地无线上网。3G 是第三代移动通信技术，是指支持高速数据传输的蜂窝移动通信技术。3G 服务能够同时传送声音及数据信息，速率一般在几百 kbps 以上。由此，3G 被认为是将无线通信与国际互联网等多媒体通信结合的新一代移动通信系统。3G 时代，最热门的手机是 iPhone 3G，其当时的手机屏幕不大，有后置摄像头但像素不高，只能听音乐，不能同时使用相机，而且网络极慢。因此在中国用得最多的还是短信和 QQ，上网还需要拨号。

4G 时代：比拨号上网快 2000 倍。4G 是第四代移动通信技术，其集 3G 与 WLAN 于一体，并且能够快速传输数据和高质量音频、视频和图像等。4G 能够以 100Mbps 以上的速度下载，比家用宽带 ADSL（4M）快 25 倍，并能够满足几乎所有用户对于无线服务的要求。此外，4G 可以在 DSL 和有线电视调制解调器没有覆盖的地方部署，然后再扩展到整个地区。很明显，4G 有着不可比拟的优越性。

5G 时代：万物互联。第五代移动通信技术是最新一代蜂窝移动通信技术，是 4G（LTE-A、WiMax）、3G（UMTS、LTE）和 2G（GSM）系统的延伸。5G 的性能目标是高数据速率、减少延迟、节省能源、降低成本、提高系统容量和大规模设备连接。❶

6G 时代：物网融合新时代。6G 相对于 5G 不仅是容量、带宽、时延大幅度的提升，更是紧密地与物理世界融合、与生产融合、与生活融合。

---

❶ 唐林英.综述移动通信发展及其展望[J].科学与信息化，2018（4）：38-39.

6G将是太赫兹波时代，兼具微波通信及光波通信的优点，即传输速率高、容量大、方向性强、安全性高及穿透性强等。美国在2004年提出太赫兹波，被列为"改变未来世界的十大技术"之一。它的波长为3μm～1000μm，而频率为300GHz～3THz，高于5G使用的最高频率，即毫米波的300GHz。6G系统的天线将是纳米天线；在4G、5G移动互联网时代，手机可以实现位置定位、读取二维码、实现NFC功能、记录海拔高度和运动步数等，万物互联中人、流程、数据和事物结合一起，使网络连接变得更有价值，地面基站与卫星通信集成从而真正做到覆盖全球。6G更进一步，网络将无处不在、无时不有，物就是网，网就是物，这就是物网融合的新时代。

人类走进了数字时代，生产设备、生活电子用品逐步从模拟电路向数字电路过渡，其设备体积更小、更加节能、互联互通更加便捷，推动了固定互联网、移动互联网的大发展。以各种移动互联网应用程序为例，2019年微信全球用户数已接近11亿，脸书用户数已达到了惊人的24亿。可以说，以连接数为代表的用户量已成为企业核心竞争力。

### 3. 物联网渗透物理世界的任何角落

进入21世纪后，物联网技术高速发展。2005年举办的"信息社会世界峰会"正式引入了"物联网"概念。

中国的物联网技术在概念提出后有了长足的发展，业内形容其为"五年一小步，十年一大步"。回顾这十几年的时间，中国物联网发展水平逐渐向世界先进水平靠拢，各大科技企业纷纷试水物联网，极大地推动了整个行业的快速前行。

经历了多次蜕变的物联网技术，未来将何去何从？可以预见的是，未来物联网技术将渗透社会各个角落，在众多领域中起到主导作用。从目前的情况看，传统企业是物联网技术下的最先受益者。

在技术革新的背景下，物联网已经开始逐渐在各个传统行业落地，助力传统产业升级转型。智慧物流、智能交通、智能安防、智慧能源环保、智能医疗、智慧建筑、智能制造、智能家居、智能零售、智慧农业、智慧城市等领域都存在物联网技术的身影。尤其是智能零售，更加离不开物联网的支撑，这是物联网技术改造传统行业的典型案例。以阿里巴巴的盒马鲜生为例,其借助物联网技术,可以做到对生鲜产品的溯源、防伪查询,以及确保对生鲜在整个冷链运输过程中温度及时间掌控。同时,物联网技术还能帮助消费者实现智能识别、无人销售等全新体验。

除传统行业外,未来物联网会成为世界生产、社会运转的数字化基础。以我国为例,早在 2018 年,国务院就已正式印发《"十三五"国家信息化规划》,明确指出,"积极推进物联网发展。推进物联网感知设施规划布局,发展物联网开环应用。实施物联网重大应用示范工程,推进物联网应用区域试点,建立城市级物联网接入管理与数据汇聚平台,深化物联网在城市基础设施、生产经营等环节中的应用"。

未来物联网的神经触角遍及全世界的每个角落,每个个体和普通物体一样挂在这张网上,就像大脑中一个个小小的神经元,或者为智能世界提供数据;从智能世界中不断获取知识和智慧,提升自己的认知,不断进化,成为智能系统中的一个控制中枢。

## 四、数字经济 3.0 阶段

### 1. 数字孪生概念与行业前景

2002 年,密歇根大学的迈克尔·格里夫斯博士首次提出数字孪生(Digital Twin)技术概念,他认为通过物理设备的数据,可以在虚拟(信息)空间构建一个可以表征该物理设备的虚拟实体和子系统,并且这种联系不是单向和静态的,而是在整个产品的生命周期中都联系在一起。换句话说,数字孪生就是针对物理世界中的物体,通过数字化的手段在数字世界构建一个一模一样的实体,如 3D 打印、模拟仿真、建筑 BIM 设计等都是对物理环境的映射。但是,从广义上来说,数字孪生不仅指物理环境,还包括行业管理、城市管理、企业管理流程及商业活动中人们行为过程被映射到网络环境的现象。总之,数字孪生包括两方面:物理环境、流程活动。

数字孪生技术可以实现从实体到虚拟的映射,用数字化的方式展现物理世界的状态。目前，这项技术在工业、汽车、交通、航空航天等领域获得了高速发展，帮助企业完成了从产品研发、制造到后期运维的全生命周期的管理。美国市场调查与咨询公司预测，到2023年，数字孪生市场规模将达到157亿美元，并以38%复合年增长率增长，2024年将超过210亿美元，到2025年将突破260亿美元。

近几年，智慧城市和工业信息化的发展对传统的空间信息采集技术与分析手段提出了很多挑战，数字孪生技术成为可靠的底层技术支撑。

**2. 数字孪生的研究步骤**

第一步，模型与建模。

数字孪生建模的首要步骤是创建高保真的虚拟模型，真实地再现物理实体的几何图形、属性、行为和规则等。这些模型不仅要在几何结构上与物理实体保持一致，而且要模拟物理实体的时空状态、行为、功能等。由于数字孪生包含多种多样的子系统，传统的建模方法可能无法精确地对整个数字孪生系统进行描述，同时，对于整体数字孪生系统的建模，还没有一致的结论。当前，数字孪生建模通常基于仿真技术，包括离散事件仿真、基于有限元的模拟等，依靠通用编程语言、仿真语言或专用仿真软件编写相应的模型。

第二步，数据采集、传输与处理。

数据是连接物理空间和虚拟空间的桥梁，是实现信息物理系统（Cyber-Physical System，CPS）的关键基础。数据采集主要通过可靠传感器及分布式传感网络对物理设备数据实时准确地感知获取，是实现数字孪生的一项重要技术。数字孪生数据采集的基本要求是以下三点。

一是实时性。数字孪生精准建模和精确控制需要根据采样数据进行，因此，对于信息传输和处理的时延具有较高的要求，同时，完整系统的数字孪生往往需要很多传感器单元，它们之间的时间同步也非常重要。

二是分布式。基于大量的传感器采集和处理信息，需要协调各传感器的任务，实现分布式的信息汇总。

三是容错性。数据采集过程中需要传输，会带来数据丢失等问题，同时，传感器采集过程中也会带来一定的噪声,因此,数据采集过程必须具有一定的容错性,才能保证数据的真实可靠。

第三步,数据驱动与模型融合协同控制。

复杂的物理系统往往很难建立精确的数理模型,无法通过解析数理模型的方式对其进行状态评估和控制优化。数字孪生采用数据驱动的方式利用系统的历史数据和实时运行数据,对数理模型进行更新、修正、连接和补充,融合系统机理和运行数据,能够更好地实时、动态评估系统。数字孪生中数据驱动与解析模型相结合的方式主要有两种:一种是以解析模型为主,基于数据对解析模型进行修正;另一种是将两种方法并行,基于对两者结果的组合评估得出最终的结果。

第四步,交互与协同。

交互与协同是数字孪生的关键环节。虚拟实体通过传感器数据监测物理实体的状态,实现实时动态映射,再在虚拟空间通过仿真验证控制效果,并通过控制过程实现对物理实体的操作。数字孪生中的交互与协同包括物理—物理、虚拟—虚拟、物理—虚拟等形式,涵盖人、机、物、环境等多种要素。其中,物理—物理交互与协同可以使物理设备间相互通信、协调与协作,以完成单设备无法完成的任务;虚拟—虚拟交互与协同可以连接多个虚拟模型,形成信息共享网络;物理—虚拟交互与协同使虚拟模型与物理对象同步变化,并使物理对象可以根据虚拟模型的直接命令动态调整。当前,数字孪生深层次交互与协同方面的研究还比较少,仅在实时数据采集、人机交互等理论上有部分研究。"物理融合、模型融合、数据融合、服务融合"四个维度的融合框架可以为实现数字孪生的交互与协同提供参考框架。❶

随着工业大数据、人工智能、信息系统等技术的发展,智能设备、基础设施等在更广的范围和更深的层次进行信息物理交互,形成了快速、高效、密集联结的物联社会。随着智能移动设备人均保有量的提高、客户与制造企业交互密度和深度的增加,人类社会的信息和特征越来越多地植入物联社会,人与信息物理系统之间以共融、协同、主导、辅助、监管等多种模式运行,人与信息物理系

---

❶ 杨林瑶,陈思远,王晓,等.数字孪生与平行系统:发展现状、对比及展望[J].自动化学报,2019,45(11):2001-2031.

统深度融合,催生了社会物理信息系统 CPSS(Cyber-Physical-Social Systems)。CPSS 是典型的开放智能系统,它具有开放智能系统的典型精准特征:状态感知、实时分析、自主决策、精准执行和学习提升。然而,数字孪生建模系统难以考虑开放环境的影响,它与环境的交互是单向的,其对于环境的感知始终落后于环境的变化。同时,数字孪生中人机信息物理交互比较原始,人员只能在物理空间通过感官获取设备的信息并对设备进行物理操作,人因复杂性难以量化建模和分析,导致社会因素影响下的系统动态变化难以预测和有效管控。

可以说,数字经济是再造一个数字的人类世界,这个人类世界存在于网络中,有大量的数据流动、算法、网络节点、存储节点、计算节点、可靠的信任法则、大量的服务应用,以及大量的传感器、服务器、传输系统、泛终端等,这些共同构成了数字世界。

**【知识链接】**

## 数字孪生案例

雄安新区:2018 年,雄安新区在规划纲要中提出,数字孪生城市与物理城市同步规划、同步建设,实现管理一盘棋、服务一站式。雄安新区已推进 BIM 管理平台(一期)建设,通过创新城市"规、建、管"的新型标准体系、政策体系和流程体系,以数字城市的预建、预判、预防来支撑现实城市高质量发展。

贵阳:2018 年,贵阳提出建设数博大道,构建一个数字孪生平台、一个运营管理中心、三类基础设施、四大数字空间的数字孪生城市发展框架,推动全域时空数据的汇聚与交融,助力实现物理空间与数字空间的孪生共存。根据《贵阳市数博大道智慧楼宇改造建设标准指引(试行)》,数博大道已推动了沿线楼宇的数字孪生化。此外,贵阳还在社区精细化管理方面引入数字孪生,形成了花果园超大型社区治理的数字孪生治理案例。

腾讯云:在 2020 年上半年,腾讯云推出了智慧城市底层平台

CityBase，这是腾讯云首次进军 CIM（City Information Modeling）领域。CIM 建设是"大场景的 GIS 数据+小场景的 BIM 数据+物联网 IoT（Internet of Things）数据+人工智能 AI"的有机结合。

### 3. 大数据：人工智能的食粮

大数据（结构化、非结构化数据）为人工智能提供了机器学习"食粮"。人类生产、生活产生了大量的数据，国际数据公司（Intermational Data Corporation，IDC）公布的《数据时代 2025》报告显示，2025 年人类的大数据量将达到163ZB。面对这样一个庞大的数量，可通过信息系统、检索系统、智能检索解决入口问题；可通过云计算解决服务器利用效率、通过 CDN 解决网络层面的存储转发、通过建设高速全光网络和移动网络不断升级换代解决数据传送速率问题，通过建设现代数据中心及通信机房向数据中心的转化，建设网络层面的高速公路；而在数据层面可采用数据清洗、大数据算法、数据挖掘、数据建模、数据集市、知识库等建设数据的管理利用平台，但数据的利用率依然较低。当前，大数据主要的用途集中于消费领域，而大数据的真正价值在于人工智能。大数据，尤其是带着数据标签的数据是机器学习、深度学习、神经网络、模式识别等人工智能算法的基础，且数据量越大，人工智能的结论越接近正确答案。

（1）大数据背景下信息流动

与传统的信息流动相比，大数据背景下的信息流动在各个层面都具有显著的差异性，具体体现在数据规模大、关联性强、复杂度高，导致信息流动的复杂性、不确定性和涌现性。本书将从数据流动形式、数据流动空间两个方面进行分析。

①数据流动形式。

现代科学信息的定义不再是简单的事物发出的消息，还指指令、数据等所包含的内容。最早数据的概念等同简单的阿拉伯数字，但随着计算机、互联网等科学技术的快速发展，数据被赋予更多含义，其不仅是数字，还可以是字母、表格、文字、图形等，数据就是反映客观事物属性的记录，其经过加工处理后就成了信息。

传统的数据流动形式单一、传递慢、不精确，或靠驿差长途跋涉，或口耳相传，或飞鸽传书。现代的数据流动，形式多样，可以通过电话、邮递、期刊、报纸、电视、网络等传输，而流动的主力军就是互联网。互联网就像一个大的神经网络，由于互联网本身具备的开放性和关联性特征，信息在这个网络上流动，信息的流动时间缩短，流动空间变大，其价值也变大了。

在大数据技术发展下，人们通过对数据进行收集、处理、分析，挖掘出有价值的信息加以应用。部分人通过应用产生新的数据反馈给用户，用户得到数据后，又产生新的数据，这就形成了流动数据生态圈。信息的形式不再局限于文字、图形、表格，还可以是实时采集到的视频数据。因此，大数据背景下数据流动形式趋向多样化。❶

②数据流动空间。

信息流动空间不同于传统的静态地理空间，它建立在地域空间基础上，是一个新的空间形态，具有相互关联且巨大的三维流动空间性，主要通过现代互联网信息技术将不同地区连在一个准同步合作的网络中，具体表现为空间通信网络、数据库和信息的融合。在这个网络生态环境下，数据量巨大，绝大多数数据与空间位置有关，空间数据是大数据基础，包括空间实体的属性、位置、数量等，因此，在大数据背景下，信息流动空间关系复杂度更高、数据量更大、空间性和时间性更强，受地理因素、人为因素、技术因素、基础设施等影响。

大数据技术就是在整合看似杂乱、繁复的数据，提取出有价值的数据，进而提高信息流动的有效性。因此，大数据背景下数据的流动更具备方向性、目的性和关联性，它不仅提高了信息流动速度，还增益了信息流的价值。❷

（2）大数据的三大开发对象

在数据分析中，我们会接触到很多数据，数据根据结构可划分为三种：结构化数据、非结构化数据、半结构化数据。❸

结构化的数据是指可以使用关系型数据库表示和存储，表现为二维形式的

---

❶ 许华宇，易茂祥，王道大，等.大数据背景下信息流动性研究[J].无线互联科技，2019，16（20）：143-144.

❷ 同①。

❸ 关于结构化数据、非结构化数据、半结构化数据的介绍见百度百科。

数据。一般特点是：数据以行为单位，一行数据表示一个实体的信息，每一行数据的属性是相同的。能够用数据或统一的结构加以表示，我们称为结构化数据，如数字、符号。传统的关系数据模型、行数据，存储于数据库，可用二维表结构表示。结构化数据的存储和排列是很有规律的，这对查询和修改等操作很有帮助。

所谓半结构化数据，就是介于完全结构化数据和完全无结构的数据之间的数据，XML、HTML 文档就属于半结构化数据。半结构化数据是结构化数据的一种形式，它并不符合关系型数据库或其他数据表的形式关联起来的数据模型结构，但包含相关标记，用来分隔语义元素及对记录和字段进行分层。因此，它也被称为自描述的结构。半结构化数据属于同一类实体，但可以有不同的属性，即使它们被组合在一起，这些属性的顺序并不重要。半结构化数据一般是自描述的，数据的结构和内容混在一起，没有明显的区分。

非结构化数据，顾名思义，就是没有固定结构的数据。各种文档、图片、视频、音频等都属于非结构化数据。对于这类数据，我们一般直接整体进行存储，而且一般存储为二进制的数据格式。非结构化数据库是指其字段长度可变，并且每个字段的记录又可以由可重复或不可重复的子字段构成，其不仅可以处理结构化数据，而且更适合处理非结构化数据。

（3）结构化数据的挖掘

随着网络的日益普及和 Web 挖掘、结构化文档挖掘需求的增长，频繁模式的研究对象从最初的事务项集和序列，逐渐扩展到树和图等结构型数据。如何发现挖掘频繁子树图的高效算法，日益成为一个具有重要理论和实用价值的研究课题，其重要性反映在计算机网络、挖掘、生物信息学、生物化学、多维数据挖掘、电子图书馆、文档挖掘等应用领域。在这些应用中，很多方面都涉及频繁子树挖掘算法。例如，当用户面对一个新的数据集，他通常并不知道这个数据集的特点。提供这个数据集的子结构可以帮助用户理解这个数据集，从而为用户提供一个如何使用更为精确的查询来了解此数据集的方法。在网络多播路由中，为所有的群组独立地存储路由表时，并发多播群组的每个路由器需要大量的空间。一个可能的策略就是将此多播群组划分成多个小组，并为每个小组建立路由表。这里，不同多播群组的多播路由树中的频繁子树为如何形成一个分组提供依据。在生物化学中，具有树形结构的分子片断在活性分子中是频繁的，但在惰性分子中却是非频繁的。这些频繁出现的片断为化学家们提供了更深入的了解。在分类和聚类算法中的数据点可以标识成树，将频繁子树看成数据点的特征，这在标准的分类和聚类算法中是同样可以应用的。从某个网站的网页集合中，挖掘访问模式下用户的访问历史，可以用树来建模。频繁子树表征了用户在该网站的惯常访问模式。网站设计人员可以借此调整网站组织优化缓存设置。

结构化数据复杂的特点决定了对结构化数据库进行处理时要尽量减少候选子结构的生成，从而提高频繁子结构挖掘的效率。因此，在借鉴频繁项集和频繁序列挖掘经验的基础上，要充分考虑结构化数据的特点，采取有利于挖掘方法实施的数据结构表示方式，才能够大幅度提高挖掘的效率。目前，针对结构化数据不同的表示方式而开展的挖掘方法已经有了许多成果，并基于频繁结构挖掘问题展开了闭合频繁结构挖掘、结构化数据查询、结构化数据聚类等多方面的研究。同时，这些成果已经广泛运用于生物分子剖析、社会网络研究、查询分析等新兴的需求方面，并发挥了巨大的作用。

（4）非结构化数据的挖掘

大数据不仅存在存储和检索问题，而且存在从带噪声和非结构化的数据中挖掘大量知识的问题。例如，科技文献大数据是一种非结构化的文本数据，且非结构化数据大部分都带噪声，机器无法理解这些数据。嘈杂的非结构化的文本信息包含传统系统无法读取的格式。由于大多数工具不支持不同格式和来源的非结构化数据，所以找到一种可以提取有用信息的方法，是处理这类非结构化数据的一项艰巨任务。

非结构数据语义化就是对数据和信息进行处理。语义化是指用合理的HTML 标记及其特有的属性去格式化文档内容。非结构化语义化方法主要是语义分析技术。

词语级语义分析就是进行词汇含义理解，包括词义消歧和词义表示两个方面。词义消歧是结合多义词在文本环境中理解和确定词语含义，有词典当中词义和语料中词义消歧。词义表示是同义词网络中的路径信息，即思路数字化。随着机器学习算法的不断进步和发展，词义表示方式也包括词向量或词嵌入。其思路是利用训练把语言当中的每个词进行映射形成固定维数向量，让这些向量形成词向量空间，每个向量被看作空间中的点，同时引入距离，利用这个词间的距离进行词相似性的判断。

句子级语义分析，是结合句中词的含义、句子句法结构等信息，推导句子含义的表述形式，包括浅层语义分析和深层语义分析。浅层语义分析是进行语义角色标注，利用 SRL 找出句子核心语义角色。SRL 是根据句法实施结果分析，即对某个句子得出句法分析结果，再根据这个句法分析结果实现 SRL。深层语义分析是把整个句子进行转化，形成形式化表示，需要知识库的支持，即在知识库当中进行实体及关系、属性预先定义。

篇章级语义分析，是给定文本，进行自动识别篇章结构，明确其中的连接词、论元、篇章关系类别等。篇章结构可分为显式和隐式两种关系式，显式篇章连接词体现在文本当中，隐式篇章连接词不在文本中体现，但能够结合上下文的语言环境进行推导。❶

### 4. 加速向智能经济演进过渡

智能经济是数字经济的下一阶段，是以数据、算力、算法、网络为支撑，以智能技术创新为核心驱动力，推动智能技术与实体经济深度融合，实现智能技术产业化和产业智能化，支撑经济高质量发展的经济活动，可以分为以网络基础设施为核心的基础层、以场景拓展为手段的应用层和以智能技术赋能为目标的价值层。本书认为，智能产业化和产业智能化是智能经济形态体现的主要方式，主要内容可以分成三个方面：以云计算、大数据、物联网、人工智能、区块链等为核心的基础产业，以智能硬件、智能装备、机器人等为代表的核心产业和以智能制造、智慧物流、智慧城市等智能技术应用场景创新为核心的创新产业。❷

2017 年 7 月，国务院印发并实施《新一代人工智能发展规划》，要求人工智能应当与社会经济发展深度融合，提升新一代人工智能科技创新能力，建设智能

---

❶ 陈功文. 人工智能中的语义分析技术及其应用 [J]. 电子技术与软件工程，2019（21）：239-240.
❷ 赛迪顾问. 2019 中国智能经济发展趋势与展望 [R]. 2019.

社会。2019年政府工作报告提出"智能+"的概念,指出"智能+"应当为制造业转型升级赋能;同年3月,中央全面深化改革委员会第七次会议要求人工智能和实体经济深度融合,最终形成"数据驱动、人机协同、跨界融合、共创分享"的智能经济形态。

随着云计算、物联网、大数据等IT技术,以及人工智能、机器学习等智能技术的持续发展和深化应用,各行各业都在推动互联网、大数据、人工智能和实体经济深度融合。数字化转型将通过数字技术与工业技术的融合来推动产品设计、工艺、制造、测试、交付、运维全部环节的产品研制创新,通过数字技术与管理技术的融合推动计划、进度、经费、合同、人员、财务、资源、交付、服务和市场全链条的企业管理创新。数字孪生作为重要的支撑理论和技术由此得到更多关注与认可。

智能经济的出现,是人类社会的一场颠覆性变革。数字孪生具有虚实共生、高虚拟仿真、高实时交互和深度洞见等技术特性,其应用走向从工业领域延伸和拓展到其他领域,具体体现在以下方面。❶

数字孪生与物联网。对物理世界的全面感知是实现数字孪生的重要基础和前提。物联网通过射频识别、二维码、传感器等数据采集方式为物理世界的整体感知提供了技术支持。此外,物联网通过有线或无线网络为孪生数据的实时、可靠、高效传输提供了帮助。

数字孪生与3R(VR/AR/MR)。虚拟模型是数字孪生的核心部分,为物理实体提供多维度、多时空尺度的高保真数字化映射。实现可视化与虚实融合是虚拟模型真实呈现物理实体及增强物理实体功能的关键。VR/AR/MR技术为此提供支持:VR技术利用计算机图形学、细节渲染、动态环境建模等实现了虚拟模型对物理实体属性、行为、规则等方面细节的可视化动态逼真显示;AR与MR技术利用实时数据采集、场景捕捉、实时跟踪及注册等实现虚拟模型与物理实体在时空上的同步与融合,通过虚拟模型增强物理实体在检测、验证及引导等方面的功能。

---

❶ 陶飞,张贺,戚庆林,等.数字孪生十问:分析与思考[J].计算机集成制造系统,2020,26(1):1-17.

数字孪生与边缘计算。边缘计算技术可将部分从物理世界采集到的数据在边缘侧进行实时过滤、规约与处理，从而实现了用户本地的即时决策、快速响应与及时执行。结合云计算技术，复杂的孪生数据可被传送到云端进行进一步处理，从而实现了针对不同需求的云计算-边缘计算数据协同处理，进而提高数据处理效率、减少云端数据负荷、降低数据传输时延，为数字孪生的实时性提供保障。

数字孪生与云计算。数字孪生的规模弹性很大，单元级数字孪生可能在本地服务器即可满足计算与运行需求，而系统级和复杂系统级数字孪生则需要更大的计算与存储能力。云计算按需使用与分布式共享的模式可使数字孪生使用庞大的云计算资源与数据中心，从而动态地满足数字孪生的不同计算、存储与运行需求。

数字孪生与5G。虚拟模型的精准映射与物理实体的快速反馈控制是实现数字孪生的关键。虚拟模型的精准程度、物理实体的快速反馈控制能力、海量物理设备的互联对数字孪生的数据传输容量、传输速率、传输响应时间提出了更高的要求。5G通信技术具有高速率、大容量、低时延、高可靠的特点，能够契合数字孪生的数据传输要求，满足虚拟模型与物理实体的海量数据低延迟传输、大量设备的互通互联，从而更好地推进数字孪生的应用落地。

数字孪生与大数据。数字孪生中的孪生数据集成了物理感知数据、模型生成数据、虚实融合数据等高速产生的多来源、多种类、多结构的全要素、全业务、全流程的海量数据。大数据能够从数字孪生高速产生的海量数据中提取更多有价值的信息，解释和预测现实事件的结果和过程。

数字孪生与区块链。区块链可对数字孪生的安全性提供可靠保证，确保孪生数据不可篡改、全程留痕、可跟踪、可追溯等，从而鼓励持续创新。此外，通过区块链建立起的信任机制可以确保服务交易的安全，从而让用户安心使用数字孪生提供的各种服务。

数字孪生与人工智能。数字孪生凭借其准确、可靠、高保真的虚拟模型，多源、海量、可信的孪生数据，以及实时动态的虚实交互为用户提供仿真模拟、诊断预测、可视监控、优化控制等应用服务。AI通过智能匹配最佳算法，无须数据专家的参与，可自动执行数据准备、分析、融合，从而对孪生数据进行深度知识挖掘，生成各类型服务。数字孪生有了AI的助力，可大幅提升数据的价值及各项服务的响应能力和服务准确性。

**5. 智能经济培育更加高效的数字经济**

在未来智能经济时代，数字经济依然持续发展，并分为人工智能数字世界、人类数字世界、人工智能物理世界、人类物理世界四大领域。有了人工智能的巨大推动力，人类经济与财富总量将呈现指数级分裂式增长。在数字经济充分发展的领域，人类开始培育具有重大引领、带动作用的人工智能产业，促进智能经济与数字经济深度融合，形成数据驱动、人机协同、跨界融合、共创分享的数字经济升级形态。数据和知识成为经济增长的第一要素，人机协同成为主流生产和服务方式，跨界融合成为重要经济模式，共创分享成为经济生态基本特征，个性化需求与定制成为消费新潮流，生产率大幅提升，引领产业向价值链高端迈进，全面提升经济发展质量和效益。

智能经济对于数字经济的促进主要体现在人工智能发展较好的行业反作用于数字经济的基础设施，使其更加智能高效。

第一，人工智能促进非结构化数据结构化。非结构化数据占比较大，特别是对论文、图片、标准文档、专利文档、项目文档、网页文章、视频、声音文件这些非结构化数据的充分利用，其价值比结构化数据的价值更高。这些数据以信息或知识的形态存在，但这些数据的利用率很低。在数字经济时代，人们由于技术限制很难对非结构化数据加以充分利用；人工智能时代，人们可以通过智能分析工具对非结构化数据结构化，进而从非结构化数据中按照一定的规则和主题提取出有价值的数据。可以说，人工智能会加速非结构化数据的结构化，并对结构化数据进行智能分析。

第二，人工智能促进网络的智能化。通信网、互联网本身是数字经济的基础设施，同时也是数字经济领域发展最快、最好的领域。在通信网络建设规划阶段，可以通过神经网络分析方法预估用户量、话务量、带宽；人工智能应用到网络运维中可以帮助运维人员快速定位故障源，提高运维效率；在广域网领域，网络安全威胁每时每刻都在发生,且每次都有新的威胁出现。通过机器学习,特别是深度学习方法,采用无监督学习与监督学习结合的方式可大大提高主动防御能力。人工智能能够实时对网络流量、网络异常、用户行为等进行主动分析,形成回归(预测)、分类、聚类、推荐等一套系统性的分析算法。

第三,人工智能促进数字孪生的实时生成。在数字经济时代,通过车载摄像头扫描的形式可以扫描街景并与数字地图绑定,实现地图静态图景的孪生化。在人工智能时代,所有带有实景采集的人工智能设备都可以通过实时的数据采集呈现实时的、动态的室内外的数字孪生世界。动态的数字孪生地图可以服务于无人驾驶、AI物流车、公共交通工具等。

# 第三章
## 解码数字经济时代创新创业九大规律

中国正处于数字经济发展的中期，在发展数字经济发展过程中也遭遇了互联网经济泡沫，大批的"互联网+"创业企业如团购网、共享单车、互联网金融、O2O生鲜公司、购物网站、游戏开发公司在2015—2020年倒闭，成立3～4年内倒闭的企业数量之和约占总数的三分之二。大批的创业公司如飞蛾扑火一样，前赴后继走向创业阵地前线又快速走向灭亡。本章首先分析了创新的内涵、创新者窘境与本质，其次梳理了过去10余年典型创业公司的成败，最后总结出数字经济创新创业九大规律，对洞察数字经济行业提供重要的基础理论。

## 一、创新的内涵

创新是一个汉语词语，亦作"剏新"，《南史·后妃传上·宋世祖殷淑仪》有："据《春秋》，仲子非鲁惠公元嫡，尚得考别宫。今贵妃盖天秩之崇班，理应创新。"文中提到的鲁国是文化创新的圣地，接连走出了孔子、孟子二位儒家圣人。春秋战国时期是我国创新密集的时代，百家争鸣，哲学、法律、艺术、诗歌、科技等领域百花齐放，可见中华民族本身就有创新的基因。

经济学家熊彼特在20世纪初认为，所谓创新就是要"建立一种新的生产函数"，即"生产要素的重新组合"，就是要把一种从来没有的关于生产要素和生产条件的"新组合"引进生产体系中去，以实现对生产要素或生产条件的"新组合"。这种新组合包括5种情况：①采用一种新产品或一种产品的新特征；②采用一种新的生产方法；③开辟一个新市场；④掠取或控制原材料或半制成品的一种新的供应来源；⑤实现任何一种工业的新的组织。因此，熊彼特认为"创新"不是一个技术概念，而是一个经济概念：它严格区别于技术发明，把现成的技术革新引入经济组织，形成新的经济能力。

创新就是随着时代的变迁不断地整合或创造新的生产要素，通过新的生产要素的整合升级促进形成新的更有价值的产品和服务，促使生产、生活效率提高，给社会和企业带来经济效益的提升，进而推进文明的进程。然而，熊彼特没有从历史演化的角度看生产要素的变迁：在农业经济时代整合的是"土地、水、阳光、植物种子、劳动力、技术"；到了工业经济时代整合的是"机器、劳动力、资本、原材料、技术"；而到了数字经济时代整合的是"机器、劳动力、资本、原材料、技术、数据"；到了智能经济时代整合的是"算法、机器、机器人、劳动力、资本、原材料、技术、数据"。每次对生产要素的重新整合都带来了生产力大爆发，加快了社会财富的创造。因此，从这个角度来说，我们分析数字经济的创新，核心是分析"数据"怎么产生、整合、利用的问题。

## 二、"创新者窘境"现象的本质

哈佛大学商学院教授克莱顿·克里斯坦森在他的著作《创新者的窘境》中提到这样一个现象：很多优秀的企业管理很规范，也很重视客户对产品或服务的反馈，并着力优化自己的产品或服务，在持续性创新方面做得很好，但恰恰这样的企业却失败了，这样的例子很多，为什么？他认为，本质上是因为企业不能适应外部的破坏式创新，即企业关注了新的变化，在企业的产品和服务上作出了破坏式创新的提议，但最终由于企业长期以来积累形成的"资源、流程、价值观、文化"已经定型，无法容纳破坏式创新。他在书中提出了如何避免破坏式创新的方法，即成立新的机构、子公司或者与其他企业合作成立新的公司专门开发本行业的破坏式创新技术、产品或服务。这本书多次、大量印刷说明这一现象并没有被破解，人们在创新创业中屡次遭遇到"颠覆性技术""破坏式创新"的挫折后还是想回到这本书中找寻答案。在这本书出版后的20多年里，出现了柯达、诺基亚、摩托罗拉、戴尔等案例，其中柯达的案例与书中提到的"资源、流程、价值观、文化"壁垒非常相似。

其实"破坏式创新"不仅存在于工业经济、数字经济演进过程，在从农业经济时代向工业经济时代演进过程中也如此。19世纪之前的欧洲交通工具以马车为主,人们希望马车跑得越快越好,马夫也在不断努力,改良马的品种、优化马的饲料,这种创新方式就类似《创新者的窘境》中提到的"持续性创新"。直到1885年德国人卡尔·奔驰制造的"奔驰一号"使汽车代替了马车,才导致马车行业的消失,这是工业经济机械化、电气化发展的必然趋势。马车行、马夫并没有做错什么,只是他们不懂得遵循技术经济的演进规律。

回到数字经济时代,总体来说,失败企业其实都面临一个共同问题,那就是工业经济时代的管理方式已经过时,破坏式创新恰恰是数字经济时代新技术对工业经济各行业产生的巨大冲击波。因此,探寻数字经济时代创新创业规律显得尤为重要。

## 三、数字经济时代创新创业规律

### 1. 规律一:产业数字化规律

产业数字化是指几乎所有的行业都在从工业时期的电气化、模拟电路时代向以数字电路为代表的数字化转型,这一数字化进程是从数字计算机于1946年发明后逐步向军事领域、银行等其他领域延伸应用并不断演进的。

这一转型在通信领域非常明显。在模拟电路时代,从电报机、人工电话交换机、步进制交换到纵横制交换机一直在演进,而到了数字经济时代则升级为程控数字交换机,容量很大,效率更高,通话质量更好且更稳定。产业数字化在工业领域发展也很快,以制造业的机床为例,早期多为模拟电路机床,精度不高,而随着数字程控机床的应用,机床生产控制的精度提高,零件的一致性得到优化,质量稳定,催生了精密设备的发展。

产业数字化规律一个很典型的案例就是柯达。柯达公司(Kodak)是一家大型跨国摄影器材公司,全称伊士曼柯达公司(Eastman Kodak Company)。前身是由发明家乔治·伊士曼和商人亨利·斯壮在1881年建立的"伊斯曼干版公司"(Eastman Dry Plate Company),后由于生产的第一部"傻瓜"型胶卷相机名为"柯达"(Kodak),遂改名。1930年,柯达公司成功占据世界摄影器材行业75%的市场份额，并成功获取约90%的行业利润；到了1981年，公司销售额超过100亿美元，就是这样一家辉煌的公司，发展如日中天，但却在2012年1月正式申请破产保护。

其实，产业的数字化规律在各行业渗透时也影响着摄影产业，柯达的研发人员也作出了相对于传统模拟胶卷相机的破坏式创新：1975年，柯达应用电子研究中心的工程师史蒂芬发明了第一台数码相机，这台相机以磁带为存储介质，分辨率为1万像素，记录一张黑白影像大概需要23秒的时间，成像质量非常粗糙。但是，在意识到数码相机的出现可能会威胁胶卷产业以后，柯达公司决定雪藏相关技术，研究工作因此而陷入停滞，这一点非常像《创新者的窘境》中所提到的价值观，即对当前利润的追求往往让现有的组织忽视破坏式创新产品。作为数字拍摄技术的发明者，柯达公司进入数码时代的时间点其实并不晚。在数码相机发明后的20年，当数码拍照行业开始进入成长期时，柯达公司决定进军数码拍照行业，并代工了苹果公司的消费级数码相机"QuickTake"。1996年，柯达公司推出DC-20和DC-25两款数码产品。尽管如此，柯达公司的转型决心并不彻底。缺乏想象力的公司高层固执地认为数码技术的出现不会对传统的胶片行业造成太大冲击，并没有采取任何激进的转型措施。偏执、保守的柯达公司逐渐跟不上市场的步伐，消费者开始转向以索尼公司（Sony）为首的数码相机生产商，柯达公司的市值也从1997年2月的310亿美元一路降低到2020年6月的1.03亿美元。

作为第一家发明数码相机的柯达公司错失了两次重要的机遇窗口期：第一次是面对巨大的胶卷行业利润和已经投入的胶卷生产线没有自我革命的勇气；第二次则错误地判断胶卷的市场需求依然会大量存在，表面上看是战略失误，背后是对数字经济来临的认识不足。1993年，克林顿政府就已经推出了"信息高速公路""数字地球"的施政路线。可见，无论企业多么擅长做战略管理，社会发展的滚滚潮流依然不可阻挡，而这种潮流也就是上文所提到的"技术经济进化论"。技术经济进化论中每个阶段的经济学规律影响着当时当地的政治环境、法律环境和文化环境。

对于国内经济环境来说，产业的数字化大潮在稳步推进，但是除通信行业、互联网领域之外，进展并不是非常迅速，不同行业、不同地区发展进程有所不同。2019 年，中国工业互联网研究院院长徐晓兰强调："目前我国企业特别是中小企业的数字化水平较低，我国有超 55% 的企业尚未完成基础的设备数字化改造。制造业中小微企业发展较为粗放，税后利润仅为 3%~5%，无法承受数字化转型和新技术应用的高昂成本。因此，中小企业缺乏数字化转型的动力。"可以说，行业间整体数字化发展水平差距较大，应因"业"制宜推进不同行业的数字化进程。

2. 规律二：固定互联网向移动互联网延伸规律

当所有的产业都在向数字化延伸时，所有产业的设备逐渐从模拟化变成数字化。由于数字计算机是最早的数字化设备，因此互联网最先连接计算机。最早的互联网始于 1969 年，在 ARPA（美国国防部研究计划署）制定的协定下，美国加利福尼亚大学洛杉矶分校、斯坦福大学研究学院、加利福尼亚大学和犹他州大学的四台主要的计算机被连接起来。随着 ARPA 开发出 TCP/IP（传输控制协议／网际协议），更多的计算机连接进来，形成了固定互联网。

提到固定互联网，不得不提的人物就是美国前副总统戈尔。作为克林顿的副手，在任期间，他做了三件非常独特的事情：第一件事是 1993 年提出了"信息高速公路""数字地球"的概念，通过建立一条信息高速公路来刺激美国经济的主张成为民主党当年的竞选纲领之一，推动了美国互联网经济的大发展；第二件事是他是一个环保主义者，由他主演的环保主题纪录片《难以忽视的真相》曾获得第 80 届奥斯卡最佳纪录片奖项，因其对环境保护的贡献获得了 2007 年诺贝尔和平奖；第三件事是在苹果公司创始人乔布斯逝世后的几年内他将手中持有的苹果公司股票抛售一半，大赚了几亿美元。通过纳斯达克的指数增长我们可以看到，2000 年的互联网泡沫正是美国新基建、互联网过度投机造成的后果。因此，对待新基建我们还是要认识到它的本质，不能投机炒作。

互联网不仅要连接计算机，也逐步往移动终端、内嵌数字化模块的任何设备发展。也就是说，仅仅连接固定设备是不够的，从连接计算机，到连接手机，到连接物品，这是一个演进的过程。如果违背了这个规律，必然会被技术经济进化的潮流所淹没。一个典型的案例就是诺基亚。

诺基亚公司在历史上作了四次大抉择。1865年，诺基亚创始人弗雷德里克在芬兰的"诺基亚河"沿岸创建了一家木材纸浆厂，取名诺基亚，并兼并了橡胶厂、电缆厂。诺基亚第一次抉择是从农业经济向工业经济演进。之后，1967年看准了电气化向模拟电路的演进，开始投资电子工业，这是第二次抉择。第三次抉择是1992年推出了GSM电话，当时诺基亚已由造纸、橡胶、电缆等传统型工业转变为一个经营计算机、电信产品的高科技集团公司，但公司转型之初，经济上出现了亏损，新任总裁奥利拉响亮地提出，"未来将属于通信时代，诺基亚要成为世界性电信公司"。他集中90%的资金和人力加强移动通信器材和多媒体技术的研究和开发，使诺基亚在20世纪90年代几乎风靡整个通信市场。第四次抉择就没有那么幸运了。2000年塞班系统诞生，不仅诺基亚在用，三星和索尼爱立信（简称"索爱"）公司作为被授权方也在使用，但作为诺基亚的全资子公司，塞班很多内容不对三星和索爱提供，而且诺基亚要求开发者只为诺基亚开发软件。这个举措直接使盟友变对手，逼着三星和索爱投奔安卓阵营。总之，塞班系统不能满足移动互联网智能手机时代的体验要求且自身又有种种难以克服的缺陷，最终被市场淘汰。2014年，诺基亚正式退出手机市场，诺基亚CEO在同意微软收购时最后说："我们并没有做错什么，但不知为什么，我们输了！"诺基亚前三次都踏准了历史发展的节拍，第一次踏准了农业经济向工业经济的演进，第二次踏准了模拟电子与数字电路机会，第三次踏准了移动通信机会，但第四次抉择却错失固定互联网向移动互联网转型的机会，使最早开发的移动互联网操作系统塞班系统输给了落后它7年的安卓系统。

再举一个典型的案例，就是中国移动的产品"飞信"。2007年横空出世的飞信成了当时的社交霸主，注册用户高达5亿人，但是中国移动认为发展下去会取代短信业务甚至可能替代语音，因此对这种自行革命的产品犹豫不决，导致微信的出现彻底击溃了飞信。中国移动2019年的用户数为9.5亿，但是真正的飞信用户已经寥寥无几，而微信的合并月活跃账户数达11.12亿。当前，大部分人的通信通过微信信息、微信语音、微信视频解决，此外还出现了中国电信的"易信"、中国联通的"超信",都是对抗电信运营商的社交软件。遗憾的是,互联网需要的是平台、生态和内容,电信运营商没有遵循数字经济"从固定互联网向移动互联网演进"的规律去做破坏式创新。

3. 规律三:互联网生态黑洞规律

关于黑洞,人们首先想到的是宇宙空间黑洞效应。黑洞效应包括黑洞、虫洞、白洞,是广义相对论范畴。白洞向外喷射能量与物质,而黑洞则吸收能量与物质。数字经济学中的黑洞效应是指当一个企业发展到一定的规模之后,也会像一个黑洞一样产生非常强的吞噬和自我复制能力,把它势力范围所及的大量社会资源、中小型企业通过竞争或者收购、兼并,最终使这些企业丧失独立性,融为黑洞的一部分,而这些融合的资源使黑洞生态企业形成一个正向加速循环的旋涡,由此导致"完全垄断""寡头垄断"现象的出现。黑洞效应催生了诸如谷歌、脸书、百度、腾讯、阿里巴巴等互联网巨擘,使很多中小型互联网公司在大量投入资金后要么被兼并,要么悄无声息地消失了。

在以大型互联网企业为核心的互联网生态的吸引下,基于庞大的用户数和用户关注流量,互联网企业将 B2C、B2B、C2C 等业务聚合,容纳了人们的社交、购物、移动办公、教育、金融、饮食、旅游、移动支付等方方面面,实现规模经济的同时,也形成了庞大的互联网生态黑洞,互联网创新创业一波接一波,但是最后大部分创新产品和创业企业都被黑洞所吞噬,倒在互联网生态黑洞面前的创新创业企业有成千上万家,下面举几个典型的例子。

①人人网。其前身校内网曾经是最接近脸书的互联网企业,但最终以"2000万美元现金+4000万美元股票"出售。有人说是由于创新乏力,有人说是用户体验下降和微信的崛起使人人网的吸引力持续下降,但本质是没有利用流量快速搭建互联网生态,没有形成互联网生态黑洞效应。2019—2020 年,其借助直播、短视频有所反弹,但是目前来看还是未找到互联网生态发展的核心点。笔者认为,人人网不能仅仅局限于校园、年轻人,要在其用户快速增长时向其他行业延伸,包括在线购物、游戏、互联网金融、保险、生活缴费、媒体、旅游等,围绕已有的庞大日活用户量吸引其他小型创新创业公司在其开源平台上推广业务,这

样才能越做越大。

②呆萝卜。这是一家互联网生鲜电商，创立于2015年10月，采用"线上订线下取，今日订明日取"的模式，结合App和线下门店，提供社区生鲜零售服务。据官方数据，呆萝卜在安徽、江苏、河南、湖北四省覆盖了19座城市，门店数量超过1000家，辐射上万个小区。2019年是呆萝卜飞速发展的一年。2019年6月，呆萝卜获得高瓴资本、晨兴资本领投，XVC跟投的A轮融资，投资金额6.34亿元人民币。同年9月，新开了300家门店。但是，后期没有获得持续投资，导致资金链断裂。终其原因，本质上还是无法与大互联网企业生态黑洞竞争，如京东生鲜、盒马鲜生等企业。这项创新本质上是好事，方便了居民用户的日常买菜，节省了时间，改变了人们的生活方式，但是这种创新需要庞大的用户流量作为铺垫，如果平台不融合金融、保险、快递、社区服务、视频等新兴应用来吸引日活客户从而产生广告效应和生态效应，这种重资产的方式很容易发生资金链断裂，走向失败。

③五分钟（Five Minutes）公司。曾经火遍大江南北的"偷菜游戏"就出自这家企业，其于2008年11月上线，1年多时间拥有了上亿用户，但是这家公司依然没有逃脱互联网生态黑洞这样一个数字经济规律，没有持续向其他变现的行业引流并形成跨行业的规模经济，最终被腾讯收购了。

类似上述创新创业的案例还有很多，互联网黑洞的吞噬效应没有因企业的创新有多新潮而失去作用，大多互联网公司被兼并、收购、破产，这就是数字经济的规律：互联网黑洞。而快速扩张产业延伸的拐点就是用户"1000万法则"，即如果日活用户超过了1000万，这个数字意味着以此为基础，即使用户免费使用也会带来可以支撑平台运营的广告收入。在这基础上继续融资，平台就可以加快跨行业的生态扩张，如果错过这个拐点则很快进入衰落通道。

4. 规律四：数字产业化规律

数字产业化与产业数字化不同，先有各个产业的数字化，再有互联网、物联网，使人、事、物通过数字化的描述互联互通实现数字的产业化。数字产业化与当前行业热炒的大数据有着相同的概念和外延，但不同的是，大家对大数据的理解过多地解读为数据挖掘，而数据的最大价值应该是"流动价值"，即只有让数据流动起来，充分利用零边际成本规律，数据被利用的次数越多，价值才会被指数级放大，而数据的背后是知识、效率机制、生产机制、自动化。21世纪是知识经济社会、信息经济社会，其本质都是数字的产业化。实际的金矿有唯一性，通过物品交易价值被认可，具有不可再生性；大数据是一座"金矿"，数字环境下的"金矿"与物理世界的金矿不同——数据可以无限复制多次，无限再生，并通过流动性实现价值。

数据本质是知识，是流动，是信息费用的零边际成本。数据是生产要素，但是与能源、土地、大宗原材料等生产资料或要素相比，很多数据的背后是用户的隐私，以物权的属性交易数据是违背互联网规律的，但数据的对接和合法的确权流动是认可和鼓励的。贵阳市大数据交易所在2015年4月14日挂牌成立时，喊出了"未来3～5年每天交易量达到100多亿元"的口号。实际上，早在2017年3月6日，交易所已经改口称全年力争突破3亿元。到了2020年，无论是查阅公开报道，还是贵阳大数据交易所官方网站，都看不到2018年、2019年的交易数据。其实，贵阳大数据未来的转型可能还是要瞄准数据中台，靠技术开发去推动数据的有效流转，引入区块链技术，帮助拥有数据流动权的企业、个人在数据流动时获得收益，而不是仅仅把自己作为交易中介，把数据作为大宗商品，这是典型的工业经济思维。数据交易所与工业经济时代的金属交易所、股票交易所有着本质的不同。

大数据应用难题的形成无非是因为有以下五个孤岛。

一是管控孤岛。长期以来信息化工作理念是管理信息系统而非信息管理系统，服务于指令式管控而非服务于数物对称和数据流动，由此形成管控孤岛。

二是利益孤岛。因为拥有数据的机构认为数据是其资产，导致这些拥有数据的机构之间为了数据保护而人为设置数据共享障碍，形成基于利益保护的信息孤岛。

三是隐私孤岛。个人隐私受法律保护，因此数据不能得到彻底共享。这是基于法律保护的信息孤岛。

四是技术孤岛。数据之间的分享工具（数据清洗、数据挖掘、第三方可信工具）发展不健全、不平衡，导致大数据难题，形成基于数据分析服务产业发展水平的信息孤岛。

五是产权孤岛。法律属性问题是影响数据流动的最大阻碍，数据的法律属性目前迟迟不能确定，学者们一直在纠结数据到底是物权还是知识产权。

如果以上5个孤岛问题能够快速得以解决，那么我们国家的数字经济将会得到加速发展。

在以上五大孤岛中，最突出的是产权孤岛。有学者从结构化数据库的角度认为数据具有物权属性，有的学者则从创新创造的角度认为数据具有知识产权属性。数据包括结构化数据、非结构化数据、半结构化数据，前一种观点是基于结构化数据特点，而后者则是基于非结构化数据（如视频、文章、专利等）的特点。物权具有物理特点，数据是虚拟的，并不存在可见的物理世界，其可见是通过物理世界的现实映射来体现，因此，数据的本质对于两者都不适用，数据法律权属应该用一个新名词描述为"流动权"。基于市场经济的数据流动权分为两类：商业数据流动权、人格属性数据流动权，均适用于民商法律体系。流动权是数据流动过程中取得收益的前提，掌握数据流动权的每个人、每个机构、每个企业对于自己掌握的数据在不侵犯他人商业数据、人格属性数据的前提下都可以发起数据流动，并获得收益，具体收益计算可以通过区块链等方式获得，即发起数据调用请求时获得数据的数字货币价格，同意数据调用价格同时支付数字货币。这种交易是基于流动的，而不是基于垄断的。

当前，各地政府提出的产业数字化和数字产业化口号，重点还是要放在产业数字化上，包括"两化"融合、数字政务、智慧城市等，对于数字产业化可以尝试鼓励第三方数据节点结构提供数据对接服务，尝试数据流动获益的新商业模式，以此推动数字产业化。

## 5. 规律五：支付门户效应规律

数字经济的运转说到底是要创造效益、获得现金流，而支付渠道就是获得现金流的保障。工业经济时代的支付通过现金、银行背书的汇款、银行支票完成，而数字经济时代的交易随着泛终端的普及，则随时随地可进行，新的移动支付工具的需求逐渐增大。支付门户效应是数字经济的命门，数字经济时代的竞争说到底是用户量、生态、内容、支付渠道的竞争，但是任何一项都无法独立长期存在下去，必然是互相作用，而支付渠道就是长期生存的保障。以 2019 年第四季度为例，第三方移动交易市场由阿里支付宝和腾讯财付通两家垄断，达到了 94% 的市场占有率，这是典型的寡头垄断。2019 年，全国移动支付规模达 59.8 万亿元，在如此庞大的市场，中小型的第三方移动支付渠道必定砸下血本才能长期生存。2010 年，中国人民银行制定了《非金融机构支付服务管理办法》，2011 年开始发放第三方支付牌照，累计发牌 272 张。近年来，新牌照发放基本停滞，存量牌照进入清理整合阶段，移动牌照正在逐渐减少。

在这个规律中有一个很典型案例，就是 2015 年开始的网约车行业"滴滴打车"和"快的打车"的"烧钱大战"。两个网约车平台分别花了几十亿元人民币请全国人民打车，并补贴给网约车司机，很多分析师认为这是互联网创业的本质，但是实际上并不简单。试想一下，2015 年全国已经有了 200 多家移动支付平台，如果两家互联网巨头企业分别找这些企业做支付平台，就必然对腾讯和阿里的移动支付带来巨大的冲击。2016 年年初，滴滴公司公布了 2015 年的全年订单量，数字非常庞大，是 14.3 亿人次，而当时的"快的打车"的用户量也已经突破了 1 亿，可见网约车行业是居民的刚需。如此庞大的交易量，如果不迅速拿下，则会严重侵蚀腾讯和阿里巴巴的生态，因此两个网约车平台"唱了一出苦肉计"，将两家公司最后合并。对于腾讯和阿里巴巴来说，几十亿资金并不算什么，重要的还是支付渠道、支付平台，支付门户犹如互联网巨头生态王国的"国库"，"国库"要被侵蚀了，互联网公司肯定血拼到底，这是由数字经济内在规律决定的。

**6. 规律六：零边际成本规律**

工业经济时代的经济学遵循的是边际效益递减法则（the Law of Diminishing Marginal Utility，也称"边际效益递减法则""边际贡献递减法则"）。"边际效益递减"是经济学的一个基本概念，是指在一个以资源作为投入的企业，单位资源投入对产品产出的效用是不断递减的。换句话说，虽然其产出总量是递增的，但是其二阶导数为负，使其增长速度不断变慢，最终趋于拐点，并有可能衰退，即可变要素的边际产量会递减。当消费者消费某一物品的总数量越来越多时，其新增加的最后一单位物品的消费所获得的效益（边际效益）通常会呈现越来越少的现象（递减），称为"边际效益递减法则"，也叫作"戈森第一法则"。

互联网的本质就是平等、开放、共享，遵循零边际成本法则。《零边际成本社会》是2014年中信出版社出版的图书，作者是杰里米·里夫金。在该书中，他开创性地探讨了"极致生产力""协同共享""产消者""生物圈生活方式"等全新的概念，详细地描述了数以百万计的人生产和生活模式的转变。"交换价值"被"共享价值"取代。百度文库提出的口号"让每个人平等地提升自我"也遵循了零边际成本理念。

基于数据的信息系统、知识、信息等多次应用的零边际成本效应在众多的互联网内容企业、平台型企业应用得淋漓尽致，这些内容的被转载、复制、学习所获得的收益通过平台会员充值实现。例如，"得到"App，它要解决的客户痛点是"学习某个专业知识所付出的高额成本、碎片化时间难以获取高质量的知识、懒得看书，希望有人能提炼出书的精华"，恰恰是这种快餐式的文化消费带来了"得到"的快速发展。这种差异化、高端定位的方式是阿里巴巴、腾讯所不具备的能力，特别是"大师战略"资源影响力使"得到"没有被互联网黑洞吞噬，且沿着知识付费这条路线一直在不同年龄层次进行延伸，做大生态和用户规模。这一切缘于其拥有了核心竞争力，但是这种核心竞争力也是暂时的。如果"得到"借此契机利用"互联网生态黑洞效应"再做开源电商，除了吸纳知识传播者，还吸纳中小型企业在其平台上开展业务，并收取虚拟店铺租金，吸纳金融平台、电商平台、图书销售、视频直播、社交、检索、推荐等领域的小平台企业入驻，采取这种轻资产模式扩展形成新的"得到"，进而通过知识推动品质消费，并收购新的移动支付平台进入，通过支付门户效应，把新的支付平台与支付宝、财付通支付入口放在一起，采取小额补贴的形式补贴通过自身支付渠道消费的客户（目前"得到"采取的是与华为Pay合作，华为也正在向移动支付进军），那么"得到"至少可以再运营20年以上，并逐渐形成一个基于知识引导的高端消费互联网生态。如果没有持续做一个入口扩大生态，那么类似"攀登读书会""正和岛"

等渠道将会对"得到"App进行分流形成同质化竞争。可见，利用零边际效应的互联网平台企业还需要不断扩大自己的生态边界，利用支付门户效应才能长期生存下去并发展壮大。

### 7. 规律七：眼球经济

数字经济时代是一个信息爆炸的时代，如网站、App及社交平台、订阅号、泛终端、邮箱等各种渠道推送的信息。眼球经济本质上是流量经济，专指内容上的吸引力。对于平台来说，用户数和日活量、点击次数是流量，而对于内容来说，眼球经济专指自媒体渠道通过内容的新颖性获得持续大量的关注、点击量，这种关注度本身就是一种价值，这种价值如果通过品牌延伸就可以创造效益。眼球经济本质上也是互联网的连接规律，某个互联网上的节点与其他节点的连接数越多，这个节点的价值越大。它与麦特卡尔夫定律不同，网络价值与网络用户的数量的平方成正比，眼球经济是强调网络的某个节点内容所产生的连接价值。

眼球经济一个很典型的案例就是"李子柒现象"。李子柒出生于1990年，四川人，从小命运多舛。为了唯一的亲人奶奶，她毅然从打工的城市回到曾经生养她的大山，和奶奶在乡下过起了田园生活。这种世外桃源般的原生态生活与钢筋水泥的都市形成强烈的反差，李子柒在田园生活中对中华民族传统工艺、美食的制作和复活让网友眼前一亮，这其实是社会快速发展对传统文化的撕裂所带来的一种社会归属感诉求。

怎么利用眼球经济创新创业？这需要抓住宝贵的东西，如中国的传统民间工艺。平台不重要，关键是内容。眼球经济源于企业自媒体、个人自媒体的创新能力，但现在很多自媒体往往以新颖的标题吸引眼球，内容却与标题不符，这其实是一种失信行为，久而久之就会丧失关注度。

### 8. 规律八：数字孪生规律

数字经济之前的技术经济形态是在物理世界中实现单一的增长，是实现对物品的唯一性增长，因为存在折旧，这种财富的积累也伴随着波动性。然而，数字经济时代同时存在两个一样的世界：数字的世界和物理的世界，社会财富的增长逻辑也变成了两条孪生平行线，数字世界的文明积累同时推动着物理世界的进步。数字世界与工业经济时代的物理世界有很大的不同，具体体现在以下几个方面。

首先，无限复制增值。物理世界的物品产权具有唯一性、排他性，数字世界的内容则可以无限复制，1台数字环境中的内容可以同时存在于$N$个环境中，取决于终端连接的数量。

其次，无折旧且增值。物理世界的内容具有折旧特点，有损耗和生命周期。数字世界的内容则不存在这种问题，数据可以永久保存，持续发挥其价值，而且数据的价值随着用途的增加不断增值，这一特点使数据持有者，尤其是结构化数据持有者具有更大的竞争力。

最后，接近光速进行传播。数字世界的内容传输依靠光信号、电磁信号，考虑到网络的计算转发时延，数字世界的内容以接近光速进行传播，这种时空的快速压缩，使生产生活得以提速，且这种速度超过了以往人类任何技术经济阶段。

数字孪生城市的基础是CIM（城市信息模型），而组成城市信息模型的基础是BIM（建筑信息模型），这是一环扣一环的发展关系。可见，没有了BIM，智慧城市仅仅是信息系统，或者等同于电子政务系统＋公共社会服务平台。只有整个城市的每个地面建筑、每个地下建筑、每条街道、每条管线、每条河流都被孪生在数字孪生城市数据平台上，那么基于这个底层数据的各种应用才能真正得以开展：智慧交通、智慧能源、海绵城市、智慧管线、智慧规划……创造人类的数字世界，产生大量的数据，人工智能才会有机器学习的"食粮"。

工业经济、农业经济等也是如此。我国制造业的转型升级是从传统低端服装、玩具、家居用品、低端零部件加工转型到高科技含量的芯片设计、航空发动机、大飞机、芯片光刻机、精密检测仪器等领域，需要在数字世界中仿真这些产品，不断进行模型优化和矫正，实施的过程就是在创造数字世界的财富。

掌握了这个规律，就能很好理解未来的智慧城市、智慧交通、智慧社区、智慧能源、智慧水利、工业互联网、企业信息化的发展方向，即通过传感器在物理世界中采集数据，通过孪生在可见的数字空间中实施优化和管理，然后反作用于物理世界。这是数字经济发展的内部规律。

## 9. 规律九：叠加效应

根据技术经济进化论，人类社会的演进已经经历了 5 个阶段，即采集经济、渔猎经济、农业经济、工业经济及正在经历的数字经济。每个阶段的发展都会经历萌芽期、主流期、叠加期。以数字经济为例，在工业经济发展到后期的模拟电路时代，产生了数字经济萌芽，图灵机、电子计算机、逻辑单元电路、数字电路等技术开始出现。到了主流期之后，数字就成为发展的主要动力，犹如工业经济时代人们离不开电力一样，数字经济时代人们离不开数据和网络。而到了叠加期，对于数字经济时代的工业经济来说，工业经济会借助数字经济的技术、生产组织形式产生"再工业化"，从而加快工业经济转型升级，使其持续向前发展，这种叠加期的发展速度非常迅速。

对于数字经济来说，分为向前叠加和向后叠加。向前叠加就是制造设备的数字化、工业互联网、数字孪生制造；向后叠加就是利用智能经济技术发展数字化产业，借用已经出现的人工智能萌芽，提前反哺、叠加到数字经济领域，加快数字经济的发展。

百度一直在做人工智能的开发和应用商业化，但是它并没有充分利用叠加原理去提升现有业务，而是将精力专注于无人驾驶"单车智能"，这显然忽略了叠加效应。百度应该深耕人工智能技术中核心的搜索引擎业务，再向生态内的其他业务拓展。当我们提到中国的互联网巨头时，我们首先想到的是 BAT（"B"代表百度，"A"代表阿里巴巴，"T"代表腾讯），实际上，目前百度的市值已不及阿里巴巴的 5%，不及腾讯的 10%。比较成功的案例是字节跳动，其在 2012 年推出了今日头条 App，比百度晚了 12 年，却借助主打 App 产品重建了一个以短视频为核心的互联网生态黑洞，而短视频中的一个核心技术就是通过智能算法对用户进行美颜，一下子抓住了年轻人的心思，这就是智能经济提前叠加数字经济的魅力。同样，智能经济早在 1956 年创造"人工智能"这个词时就有了萌芽，发展到现在已经在一些领域推动着数字经济的发展，如工业机器人、人脸识别、医疗影像识别、智能配音、新闻机器人、网络智能、智能客服等，在数字化技术发展基础好的领域加速数字经济的发展。如果掌握了这个规律并加以充分利用，就能比竞争对手更有核心竞争力，同时也能抵御互联网生态黑洞的吞噬。

# 第四章
## 解码数字经济时代创新创业十大思维

## 一、从边际成本递增思维到零边际成本思维

工业经济时代，经典西方经济学是基于工业产品的思维方式，其在数字经济时代不适用。经典西方经济学中最核心的概念是市场需求与供给，考察的对象是以物理形态体现的产品，每个产品都是唯一的。资源消耗决定了成本，数量决定了需求与供给之间的价格，因此西方经济学中边际成本（Marginal Cost）指的是每一单位新增生产的产品（或者购买的产品）带来总成本的增量。准确地说，边际成本递增是指当产量增加到一定程度之后，若要继续增加产量，那么增加单位产量的成本将越来越大，即当产量达到一定时，再增加产出的话会使成本呈现递增的趋势。当实际产量未达到一定限度时，边际成本随产量的扩大而递减；当产量超过一定限度时，边际成本随产量的扩大而递增。由此可见，影响边际成本的重要因素就是产量超过一定限度（生产能力）后导致的总固定费用的阶段性增加。也就是说，边际成本（MC）和劳动的边际产量（MPL）成反比。

工业经济中资源是有限的，当资源存量减少时，无形中会增加企业的边际成本，而数字经济且恰恰相反。美国华盛顿特区经济趋势基金会总裁、社会批评家杰里米·里夫金在其著作《零边际成本社会》中提出了数字经济时代共享经济带来的"零边际成本现象"：生产额外新单位产品所花费的成本，这种边际成本在特定情况下接近于零。通过协同共享以接近免费的方式，同时分享绿色能源和一系列基本商品和服务，这是最具生态效益的发展模式，也是最佳的经济可持续发展模式。书中还讲述了新技术改变生产力与生产关系的规律；从生产者、消费者到产销者的变化，从重资产、大规模集中生产到个人化、分布式与协同共享的变化；物联网、3D打印、云计算、人工智能等新技术将颠覆我们的日常生活。

工业经济的理论是基于商品交换的，而在协同共享的范式中，商品和生产资料被解构为所有权和使用权，人们倾向于购买使用权而不是所有权。所谓协同共享说的就是相对于个人完全占有，人们开始更多地选择共同使用商品或服务。

## 二、从纵向思维到横向思维

工业经济时代的电气化推动了人类的巨大进步，电流推动了机器的运转。从古至今，人类生产生活的本质是各种有形的物质与非物质内容的流动，总体上分为信息流、资金流、管理流、能量流、实物流、监管流、生物流、环境流。

管理流水线就像电流、水流，企业要有清晰的战略和动力，形成压力并通过梦想、薪酬、氛围形成动力，这里的动力不是企业的层层考核。企业的内部管理流水线如同水道，由于企业管理一般是自上而下，纵向的水流是分叉的，没有形成合力，横向的水流更不顺畅，这也就是"协同比分工更重要"的道理。近年来，被国内公司引入的京瓷公司的阿米巴模式也仅仅改变了一线业务部门横向水流的微环境，没有触及企业核心管理流水线。因此，稻盛和夫通过阿米巴模式建立的第二电电公司（KDDI）和京瓷两家企业虽然在2005年分别跻身福布斯全球排名第205位和第371位，但是在2019年世界500强排名中降为245位和500强之外。阿米巴模式对于激活基层活力暂时有效，但应用3～5年之后则显示出这一激励的瓶颈，因为它本质上并没有通过优化管理流水线推动企业长期向前发展。

虽然我们已经走入数字经济时代，数字经济时代信息的零边际成本规律与工业经济时代边际效益递减规律完全不同，但是当前大部分企业的管理理念、方法还停留在工业经济时代，工业经济时代的流水线理念和方法在数字经济时代需要升级，从过去纵向的科层式的管理转变为横向的流水线管理，实现企业从生产流水线到管理流水线的升级。

因此，所谓管理流水线就是在数字经济时代，改变工业经济时代企业管理中职能管理和生产管理分割的情况，改变自上而下的控制型管理；将职能管理和生产（服务）管理通过信息管理系统形成小中心、扁平化、横向打通的信息流水线，实现企业管理活动数字孪生化，通过数字世界的光速和低时延、无缝衔接形成企业高价值增长。表 4-1 是管理流水线与生产流水线、价值链的区别。

表 4-1　管理流水线与生产流水线、价值链的区别

| 对比项 | 时代特征 | 管理对象 | 管理范围 | 适用范围 | 典型案例 |
| --- | --- | --- | --- | --- | --- |
| 生产流水线 | 工业经济时代 | 产品加工各环节 | 生产车间 | 订单生产企业 | 福特流水线 |
| 价值链 | 工业经济时代 | 生产全流程+辅助职能 | 生产车间+行政辅助 | 工业企业生产管理 | 丰田精益制造 |
| 管理流水线 | 数字经济时代 | 生产与管理融合 | 代表企业全部要素的数据 | 生产企业、服务企业 | 华为、SpaceX |

## 三、从木桶思维到长板思维

美国管理学者彼得提出了木桶定律。他认为，组成木桶的木板如果长短不齐，那么木桶的盛水量不是取决于最长的那一块木板，而是取决于最短的那一块木板。这就是说，构成组织的各个部分往往是优劣不齐的，而劣势部分往往决定整个组织的水平。因此，他认为一个人或者一个企业要想成功，一定要加长所有的短板，这样才能保证正常运转。这在工业经济时代环境下非常有启发意义，因为每个企业都是相对独立的个体，彼此都生产同质的商品，企业之间的竞争需要补齐短板，才能在激烈的市场竞争中生存下来。

在数字经济时代，随着社会化大生产的分工越来越细，以及信息化程度的越来越高，产业链、供应链、企业价值链等理论逐步成型，任何一家企业都很难做到垄断整个产业链或者供应链，因而需要发挥其长板，企业之间进行长板对接。例如，房地产企业擅长建筑项目运营，而房产中介擅长数字化销售，企业之间进行长板对接，可以共同把一个楼盘运营下来。互联网生态型企业提供了很好的开源平台，这是互联网企业的长板，而其他供应商企业的长板是优质、优惠的产品，以及专门公司的流量分析、销售公司的策划。

在数字经济时代，项目周期、产品周期大大缩短，因此很多研发设计、生产管理都实行了服务外包。苹果公司没有车间，耐克也没有车间，而这些企业抓住的是自己的长板，也就是产品创意、产品设计能力，并专注于这个环节，制

造、销售则外包给专业的生产企业、销售企业。当前，各行业内的大部分企业都采用这种模式。因此，在数字经济时代，有短板不可怕，关键是如何将自己的长板与合作伙伴的长板快速对接，完成新产品的快速上市及项目的高质量低成本交付。

## 四、从封闭思维到开放思维

封闭思维强调企业要不断优化内部管理，关起门来做研发，企业的成果不对外宣传和共享。然而，传统产业从产供销的封闭一体化到当前数字经济时代的竞争与合作，不再一味强调企业内部管理的封闭化，而是采用开放式思维——互联网上某一节点建立的连接数越多，其价值越大。开放式思维强调互联网的规模效应，单一服务（产品）有可能是亏损的，但是其他品类很可能是盈利的，这样出现了"羊毛出在猪身上"的现象。

数字经济时代的互联网企业提供的 App 产品、电脑软件产品不再采取传统工业经济时代的封闭式包装，如微软的软件直接通过塑封的包装盒在超市、直营店进行销售，且后续很多软件基本上采用了简版直接使用（不是试用），以提供更多的增值服务。以 WPS 为例，其软件的通用功能是免费的，但是如果要使用云端备份、精美的模板、插件则需要购买会员服务，而购买会员可以根据客户心理采用三档模式，其中最高档最优惠，因此最高档的销量往往最高。这就是典型的开放式思维，把存量客户做大，而不只是把顾客数量做大。工业经济的顾客与数字经济的用户不同，顾客是一次消费，而用户则是培养使用习惯、网络社区、数据收集整理的过程，数字经济企业的核心战略从产品销售转变为创造用户资源，而企业也从产品的提供者变成客户的运营商。❶

## 五、从产品思维到生态思维

销售思维是典型的产品思维，互联网企业基本上找不到独立的销售部门，

---

❶ 马文彦. 数字经济 2.0：发现传统产业和新兴业态的新机遇 [M]. 北京：民主与建设出版社，2017：20.

因为全员都是生态的运营者，而不是传统意义上的销售人员。很多产品不是有形的，而是在持续迭代，甚至每时每刻都在迭代，产品版本的生命周期变得越来越短，正如"微信之父"张小龙曾说的"产品不是规划出来的，而是演化出来的"。的确，在工业经济时代，产品是通过市场调查、产品规划、产品设计、产品线设计和改造、产品生产实现的，产品一旦定型一般不会轻易改动，我们现实生活中的生产、生活产品大部分都是。

数字经济时代的业务形态分为四大类：服务、产品、平台、生态。这四类业务是逐步升级的过程，企业的发展规模也会随之依次往上，越往上竞争，壁垒越高、竞争难度也越大。从市场洞察的方式来说，服务和产品一般可以定量分析，平台和生态则较难定量分析（图4-1）。从洞察的精准度来说，生态型企业带来的综合效益是最难估量的，其次是平台、产品和服务，一个行业需要的服务总量基本是固定的。以住宿和餐饮行业为例，某个省份或者城市每年这些服务的销售总量不会有太大变化，而且受外界环境的影响也最大，如2020年新型冠状病毒肺炎疫情对服务业造成了较大的打击，其中对餐饮、住宿、旅游服务等打击最大。

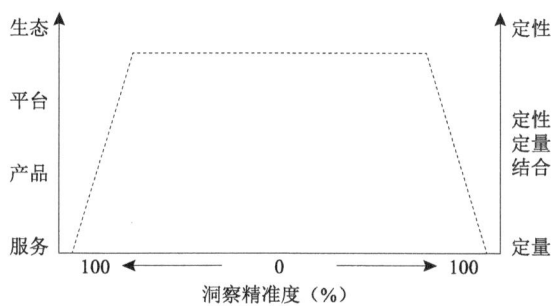

图4-1　数字经济时代企业提供的四大类业务

在企业创新创业的过程中，如果能够遵循这个思维，从最基本的技术服务开始做，研发自己的软件产品，再慢慢叠加平台功能，最后形成一套完整的生态，那么就能构筑市场壁垒，提高企业的核心竞争力。目前，很多企业正是沿着这条路线在前进。

## 六、从销售思维到平台思维

华为提出了"1+8+N"的战略,其中1指的是手机,即主入口,电脑、平板、电视、音箱、眼镜、手表、机车、耳机则是8个辅入口,这些设备尽管有限制性,但是它们的便捷性会优于手机。

在工业经济时代,产品销售思维强调市场细分、客户细分,进行竞合分析。后来,随着客户选择的个性化,工业经济时代的销售又分为 sales 和 marketing,sales 是卖标准化的产品,而 marketing 除了 sales 还包含市场培育、公关,即市场策划。整体来说,marketing 已经靠近数字经济思维,但还不是数字经济思维,未跳出所在企业的产品范畴。

销售思维是从市场细分、客户定位、自身定位中找市场商机,把市场的容量看作固定不变的;而平台思维指企业的销售不仅立足本企业的内在能力,而要站在全球范围,从全球视野出发利用全球思维,聚合产业的上下游资源,提供一体化解决方案或产品,主攻自己擅长的领域,整合合作伙伴。

## 七、从定期思维到持续思维

很多互联网创新创业企业在进行产品(服务)推广时犯了一个共同的错误,就是当创业团队获得风险投资后,就盲目扩张,最后陷入运营成本困境,资金链断裂。对于电信运营商来说,内部开发或者引进的信息化产品能否契合用户需求不得而知。虽然信息化产品在开发时已经充分考虑了用户需求,但是在信息化产品成型后是否适用还有待市场检验,而且信息化产品与传统工业产品不同的是,信息化产品是可以快速版本迭代的,而传统工业产品受制于图纸设计、生产线、模具、零配件等,更新周期非常缓慢。

传统的市场洞察方法通过发放调查问卷、数据分析、对比分析等进行思维推导,精益营销模型通过用户探索—用户验证—用户积累—产品运营四步法对产品进行试用型市场洞察,通过熟悉的客户进行小范围免费短期试用,并在试用过程中进行有奖试用反馈,以这种与客户互动的开放式创新来定位产品与客户真实需求的差异，并将用户反馈的问题进行同类项整合反馈给开发人员，以很低的营销成本获得最真实的用户反馈。试用期满，如果客户想继续使用，则需要通过云付费模式进行按年或者按月、按季度付费。

## 八、从分布式思维到云商业思维

数字经济时代商业模式的最高境界是云化。工业经济时代的商业，一种产品只能卖给 1000 个客户；在数字经济初期，同一个商品可以卖 1000 次；而云时代锁定客户可以向每个客户销售 1000 次。例如，厂家生产了 1000 台冰箱，每台冰箱都是唯一的，不可能同时给几个家庭使用；而数字经济时代的软件可以，微软的 Windows 系统每套软件在全球卖出几亿套，所以微软不断地升级 Windows 系统，希望可以多卖几次；到了数字经济中期的云计算时代，同一个产品可以卖给一个人 1000 次，如通过云计算方式按周付费或者按月付费。云化程度决定了企业的利润率，企业在推广自身数字经济产品时要明白自身产品的云化程度，云化程度越深，产品的利润率越高，这个规律起源于上文提到的"零边际成本"规律。

举个例子，金山办公发布的 2019 年全年业绩报告显示，金山办公全年实现营业收入 15.80 亿元，同比增长 39.82%；净利润 4.01 亿元，同比增长 28.94%。金山 WPS 目前在国内采取了基础版免费使用、会员版分档收费的模式，在云端有各式各样的插件和增值服务供客户选择，使用这些增值服务需要成为会员，这种云服务模式普遍应用于其他 SaaS 类软件。云商业模式可以实现软件功能的快速迭代、快速部署、平台化建设，后续如果金山采取生态化思路，构建围绕 WPS 功能的社区，那么会员社交功能、视频课件功能则围绕办公的整体生态建设起来了。有了生态作为流量保障后，业务收入会呈现指数级增长。

## 九、从标准化思维到定制化思维

工业经济时代，基于对效率和成本的要求，利润和价值最大化的实现途径是标准化、规模化生产，规模效应是工业经济时代企业控制成本、实现高额利润的主要途径，而其规模化生产是建立在对生产过程和最终产品的统一化、规范化和标准化的基础上的。标准化思维是将产品设计为固定型号下的外形、颜色、式样、尺寸，每种型号一般与生产线的模具、流水线生产工艺相匹配，不会轻易改变。如果改变产品尺寸则可能意味着生产线也要随之改变，成本巨大。在工业经济时代，有盈亏平衡点、均衡产量等现象，因此要考虑均衡价格、均衡产量，生产多了不行，生产少了更不行。产品遵循先设计定型，再生产、销售思路。而数字经济时代是定制化时代，市场和产品被不断细分，粉丝经营或社群化经营的需求被不断激发，根据用户的需求进行个性化、差异化的产品研发成为趋势。此外，伴随着全社会分工协同网络的不断完善，精细化、模块化的分工及协同生产成为生产系统改革的新趋势，大规模生产设计的刚性生产系统转变为可重构系统，进而为个性化规模定制的模式创新提供可能。

随着工业互联网、柔性生产线的普及，产品在设计、制造环节均可以实现灵活定制，此时消费互联网与工业互联网可以实现互联互通，用户可以通过商家的网上直营店或者第三方电商平台实现产品定制化。

## 十、从聚焦思维到广角思维

所谓聚焦思维就是在工业经济时代，市场参与者不可能生产所有的产品，总要聚焦在某个或某几个产品线，某个或某几个创新的功能，市场细分也必须聚焦在某一类特定的人群，这样，才有可能提升差异化竞争能力，才能在市场上立于不败之地。一个企业如果多元化程度过高，则很可能无法兼顾各方面，导致企业经营困难。从本质上说，这是由工业经济时代的社会化大生产分工机制决定的。正因为全球供应链的分工思维产生了聚焦思维，这种思维也推动了工业经济的大发展，带来了巨大的工业文明进步。

但是，到了数字经济时代，生产要素发生了变化，除之前的所有生产要素之外，还有一个最重要的生产要素——数据。正是这个生产要素的变化，带来了生产方式、生活方式的变化。因为数据是流动的，此时我们就不能再按照聚焦思维盯在一个点上持续创新，而是要不断放大视角，看数据这个生产要素还能流动到哪里。以"智慧社区"产品为例,依照工业思维,软件厂家先调研社区管理的一些需求,然后做开发需求书、概要设计、详细设计、模块开发、代码编制,然后形成软件产品,再通过寻找代理商或者自有的销售团队进行销售,这种模式就是软件厂家生产什么,客户只能用什么,平台有什么功能,客户就只能用这些功能。在这种情况下,销售人员只能在社区上门推销产品,就像工业经济时代推销一台打印机、一台机器一样,其商业模式和思维方式完全是工业经济时代的产物。而转变一下角度,回到当前的数字经济时代,看一下核心的生产要素数据,它的价值有没有最大化发挥呢?其实并没有。由于每个软件厂家生产的智慧社区产品总体架构不同、功能各异、数据结构不同、数据逻辑不同,导致数据封闭在每个社区管理平台的孤岛上,形成了一个个信息孤岛。数据在社区之间、社区与物业、企业、居民、街道、政府之间完全不流通,数据作为生产要素被直接忽略了,于是就会出现即使有平台,社区管理者依然需要人工做报表、处理数据的现象,而平台只是一件摆设。

在广角思维下,作为一个智慧社区的软件开发商,要将视角放大到社区之间、社区与物业、企业、居民、街道、政府之间,看这些数据能否发挥更大的社会价值,不能将自己固定为"软件开发商",而是成为"平台运营商"和一个开源平台,且这个平台可以容纳社区管理者、街道管理者、政府管理部门,社区周边商铺、小区物业公司、衣食住行的服务商,以及居民手机终端、电视终端。开源平台需要做一套数据接口标准,其关键要素就是支付平台,这个需要平台运营商自己掌握。如果成熟,则可以直接越过电信运营商,采用 T2B 的形式连接到 T2C,获得巨大的平台价值。

# 第五章
## 数字经济时代新型基础设施建设创新

传统基础设施建设（简称"传统基建"）是工业经济时代的产物，是工业经济推动采集经济、渔猎经济、农业经济升级的投资领域：采集经济的能源矿产开采、资源运输需要大量的机械化与电气化设施；农业经济需要工业机械化设施、电气化设施开展机械化作业；工业经济本身的产品贸易输送需要铁路、公路、港口、机场等交通物流设施。可以说，全社会公共服务类的固定资产投资，基本上以传统基建为主，占固定资产投资的1/4左右。2019年，全国全社会固定资产投资达到56万亿元左右。❶

目前，我国已经建立了全球最完备的工业经济门类体系。经济学家厉以宁认为，我国工业化基本完成以2015年第三季度我国第三产业占比超过50%为标志，也就是本书所提到的工业3.0阶段。传统基建领域随着我国工业化的初步完成而逐步呈现投资拐点，但传统基建并未停止。当前，我国资本产出弹性较高，人均资本存量水平相对较低，说明中国固定资产投资仍有一定的提升空间❷，传统基建规模还需维持一定微增长空间，其新建、扩容、更新换代不会停止，绝对数额会微增长，且在更新换代的同时融入了更多的新型基础设施建设（简称"新基建"）要素。以2008年为例，为了应对金融危机的冲击，国家大力发展传统基建的"铁公基"（铁路、公路、机场、水利等重大基础设施建设），短期之内拉动了国内生产总值增长，但随后国内生产总值的增速逐渐回调。如今，我国人均国内生产总值已经超过了1万美元，达到中等发达国家的水平，在这样的体量上，用科技创新去拉动经济的长期发展成为必然。在此背景下，新基建如何成为经济发展的新动力？这就要向产业加入智能要素。根据国际测算，传统基建领域投入

---

❶ 数据来源于国家统计局网站。
❷ 姜卫民，范金，张晓兰.中国"新基建"：投资乘数及其效应研究[J].南京社会科学，2020（4）：20-31.

1美元，可以产生3美元的国内生产总值增量；而在新基建领域投入1美元，可以产生20美元的国内生产总值增量。

数字经济社会的来临没有一个明确年份，但基本起点是计算机的发明，拐点是在全球互联网用户数超过80%时，智能经济的新基建接踵而来，这是一个交叉演进的过程。

数字基建包括两部分，即数字经济的基础设施本身和融合基础设施。数字经济的基础设施对应信息基础设施，如高速光网络、5G、云计算、互联网、固定与移动互联网、固定与移动物联网、区块链、数据中心、卫星互联网等；数字经济对采集经济、农业经济、渔猎经济、工业经济的反作用对应融合基础设施的概念。数字经济与采集经济的融合形成开采环节的智慧矿山、智慧油田、智慧燃气田；数字经济与农业经济的融合形成农业电商物流园区、农业电商平台、大田农业数字化管理平台、智慧水利、农产品溯源平台等；数字经济与工业经济的融合形成工业互联网、工业大数据平台、智慧交通、智能电网。数字经济发展的下一个阶段是智能经济，数字经济与智能经济当前也处于交叉融合发展的阶段，智能经济的基础设施是数字孪生、大数据、机器学习算法与算力。创新基础设施基本上涉及全球尖端科技领域，这些设施是开展前沿科学研究的基础设施，但也离不开数字基建的支撑。

统计数据显示，三大运营商于2020年5G建设投资达到1800亿元，预计到2025年将达到1.2万亿元，到2030年5G带动的直接产出和间接产出将分别达到6.3万亿元和10.6万亿元；数据中心建设2020年投资达到3000亿元，在5G领域投入1元钱，将带动其他行业产出6元钱。也就是说，新一代信息网络这样一个新型基础设施所带动的溢出效应或者乘数效应，是6倍的关系。预计到2025年，新基建将为我国信息消费创造8.3万亿元人民币产值，其中4.5万亿元是手机终端消费。2020年，工业互联网创造了255万个新增就业岗位，而5G到2025年将会带来300万个新增就业岗位。❶中国信息通信研究院认为，新基建相对于传统基建，主要"新"在六个方面：基础设施范畴将扩大，技术迭代速度

---

❶ 王全文．全国人大代表刘多："新基建"为经济发展注入新动能[EB/OL]．(2020-05-24)[2020-08-01]．https://baijiahao.baidu.com/s?id=1667550240275746918&wfr=spider&for=pc．

将提高，投资持续性更突出，互联互通配置要求更高，网络安全保障更强，跨界复合型人才需求更高。

综上所述，新基建是相对于我国当前经济发展阶段而言的，是基于六大技术经济形态升级和发展所必须投入的信息基础设施与信息融合基础设施及软硬件创新平台，目的是把我国经济的短板补齐。

## 一、5G：引领新基建

新基建三大建设领域方向政策公开后，各省、直辖市相继公布新基建的计划，涉及投资金额多达数万亿元，其中 5G 投资是重点。5G 与 4G 相比，对行业渗透的影响力巨大，因此推动政企业务 5G 的大规模应用，形成需求拉动型 5G 网络建设模式，是当前我国 5G 网络发展的基础。

新基建目前已经经历了两大版本，即新基建的 1.0 版本，建设内容为 7 大方向，即特高压、城际高铁、充电桩、5G、工业互联网、大数据中心、人工智能；新基建 2.0 版本是网络基础设施、融合基础设施和创新基础设施，其中，网络基础设施的主要内容为 5G，而融合基础设施的一项重要内容则是 5G 对各行各业进行赋能。众所周知，5G 对新基建具有较强的引领作用，它起到引领新基建、提升政府治理能力、给企业赋能、为用户服务的总体作用，可以简单地总结为"4G 改变生活，5G 改变社会"，而 5G 专网则是改变社会的又一重要载体。整体来说，5G 的建设层次可以分为四层：5G 公网、5G 切片、5G 专网、5G 自有网。

## 二、物联网：物网融合大趋势

通信网络在接入层必将经历 2G、3G、4G、5G 的迭代，在核心网层面从烟囱式的网络网元向软件自定义网络、IP 网络演进。互联网经历了局域网、广域网、移动互联网的发展阶段，未来将向产业互联网、工业互联网、物联网融合渗透。物联网发展阶段分为局域传感网、广域窄带物联网、嵌入式物联网三个阶段，形成全球统一的物联网。通信网络、互联网、物联网将趋于融合。在传统意义上，互联网中的物品与网络是割裂的，有严格的区分，或者网络接入功能仅仅作为物品（产品）的附加功能。随着移动互联网固定功能的发展及物联网的发展，未来所有物品将变成物与网的融合体，再加上机械、运动功能，衍变成智能物品。

### 1. "物网合一"的概念 ❶

随着物联网、宽带自动化、智能化的推进，建筑物、构筑物、市政公共设施、交通工具等所有固定或移动的物品，越来越多地呈现现实世界的"物体"与数字世界的"网络"融为一体的趋势。把握这种趋势，一方面可以提升网络覆盖的深度和广度，另一方面可以加速转变生产、生活方式，提升社会运转效率，具体体现为通信网络与物理世界的融合、互联网与物理世界的融合、物联网与物理世界的融合。"物网合一"是指，在广义上，物体既作为联系的信息终端，又作为网络的接口，同时能够承担一定的操作执行指令。它有三种展现形式：单工的感知网络，即认证感应，物品标签信息读取，如FRID、电子标签、金属感应线；单工的执行网络，其在数字化网络之前的模拟网络中比较多见，仅执行指令；双工的信息交互网络，即能够进行信息直接互传，通常采用WLAN、蓝牙、zigbee、Lora、NB-IoT窄带物联网等。本书所述的物网融合从广义上来讲包含以上三种形式，从狭义上来讲，主要指双工的信息交互网络，物品与物品之间能够直接与本地信息交互，也可以通过广域网交互，同时物品与物品之间能够形成网络的代理型信息传输通道。

"物网合一"指在制造阶段就已经在商品、物品内部部署网络设施、网络终端，推动智能家居、智慧基础设施装备的发展，建筑、家电设备、电气装备、公共设施的所有有源和无源器件除了有网络接口外，还应该有天线功能，所有的移动终端设备都可以随时随地接入网络。

### 2. 物网合一与物联网的区别与联系

物联网，顾名思义，就是物物相连的互联网。其中有两层意思：其一，物联网的核心和基础仍然是互联网，是在互联网基础上延伸和扩展的网络，物联网

---

❶ 唐怀坤.从物联网走向物网融合新时代 [J].通信世界，2019（10）：26-29.

信息需要通过互联网传输；其二，其用户端从人与人之间扩展到了任何物品与物品之间的信息交换和通信，也就是物物相息。

"物网合一"是物联网的升级版。物联网实现物品的连接，"网"是"物"的附加件，未来5～10年的物与网将融为一体，"物"既是网络的终端（地址标识，物联网范畴），也是提供连接的通道（移动通信天线、宽带接口，移动通信范畴）。可以说，数字世界依存于物理世界，物理世界通过数字世界更加有效率、舒适。

**3. 物网融合的展现形态**

（1）网络与建筑物的融合

以楼宇的网络覆盖为例。当前，智能化、室内分布和微站的一体化规划设计实施，实现了一次进场、一次施工、同步建设、共享使用，降低了整个方案的投资，实现了良好的经济效益和社会效益。在进行建筑设计时，不仅要包含"建筑、结构、水、暖、电"，还应考虑"网"，即变成6大专业方向"建筑、结构、水、暖、电、网"有线网络、无线网络、物联网的覆盖，而不是单纯预留埋管。尤其是随着建筑工业化的发展，建筑构配件预制化已无法仅仅通过传统的预埋管形式实现，每个物品自身就具备网络功能，建筑构配件自身就成为网络载体。带宽速度与两个因素，即基站与基站的间距、建筑物的密度成正比。随着5G的商业化，无线接入站点的间距越来越小，按照这个趋势发展下去，未来所有建筑部件都需要与网络设施"三同步"——同步设计、同步施工、同步验收。当前，网络与建筑物的融合主要通过建筑施工完成后的综合布线解决。

城市地下管线的位置、埋深、类型错综复杂，随着城市的发展逐渐呈现各种隐患，各种管线迫切需要具备网络定位、环境感知、流量控制等功能。随着综合管廊的推广应用，管线的网络化、智能化水平将大大提高，GIS定位+BIM应用使地下管线三维可视化，管廊内同步覆盖网络信号，可随时感知管廊内的环境、远程控制线路关键节点、收集数据，可以说，未来城市地下管线管理的方向就是"管网融合"，本质就是"物网融合"。

（2）网络与交通设施的融合

中国部分城市正在推动智慧灯杆建设，即在基础设施上考虑"物网合一"。

在工业化时代，灯杆仅仅作为交通照明使用，而在数字经济时代，它承载了无线基站、Wi-Fi 热点、各类传感器等功能，如智慧灯杆有安防功能，摄像头可以实时监控。异常事件如交通事故、火灾、有老人需要帮助等发生时，都可以通过摄像头采集。智慧灯杆还可以提供 Wi-Fi，给市民提供上网服务。传感器可以采集实时环境数据，把温度、湿度等实时的气象数据播放在广告屏上，方便市民出行；还可以提供公交车的定位服务，对窨井盖等容易失窃的公共设施进行保障，遇异常情况，及时处理。未来灯杆上还可以加装一些基站，使其具备互联互通、全面感知、智能协同的功能。据估测，未来三年全球智慧路灯市场规模将超过 500 亿元，而随着中国城镇化及智慧城市的建设发展，预计中国市场规模将超过 200 亿元。❶

此外，城市中的公共停车位加装感应功能后也可变成一个网络空间，和数据结合进行停车管理。城市的设施表面看是物品，本质是网络世界的一个终端，是数据世界的一个符号。

（3）网络与家居环境的融合

当前，家庭中的厨房电器、取暖设备、采光设备、卫生设施、客厅家电都可以实现与通信网络互联互通，不再是传统意义上的家居用品，智能冰箱、智能空调、智能洗衣机、智能影音数码（智能电视、智能音箱等）的占比超过家电总体的 40%，这些设备在电气化、数字化技术基础上向网络化、大数据方向又迈进了一步，而且随着人工智能技术的发展，呈现人机交互、智能语音特点，成为物网融合趋势的先锋。

（4）网络与工厂车间的融合

世界工业进程经历了蒸汽机时代、电气化时代、模拟电路时代、数字化时代，工业互联网、工业物联网概念已经深入人心。数字通信网络与车间、流水线、数控机器密切结合，特别是在工业机器人广泛使用的汽车制造、"白色家电"制造行业，整体流水线就是"网络+机器臂"，很少需要人工干预，实现了无人车间管理。流水线实体与网络同步敷设，数字化制造技术将运营技术（OT）和

---

❶ 数据来源于国家信息中心智慧城市发展研究中心。

信息技术（IT）融合，建立了数字孪生工厂，而工厂变成一个巨型的3D打印机，将数字孪生的设计变成实物。

（5）网络与移动交通工具的融合

车联网将重新定义汽车，成为无人驾驶的基础设施。没有车联网，无人驾驶无法规模化推广。只有当车辆与网络融为一体，车辆成为网络的一个信息收、发终端，才能使所有就近几十千米范围内同时行驶的车辆通过控制系统实现自动路线推荐、灵活调度，实现交通效率最优模式。在此基础上，人工智能技术能够通过激光、雷达、摄像头等实现车辆对环境数据的采集、分析、判断、执行，通过不同种类车辆的交互，实现交通工具之间的本地边缘计算式的灵活调度及安全行驶。无人驾驶发展的三大阶段就是汽车与网络融合的过程。以无人驾驶为终极目标，智能网联汽车发展要经历"三步走"：路网合一、车联网、无人驾驶。智能化道路是道路沿线的网络覆盖，使道路与网络合二为一，使每个交通工具都能在路面上随时随地接入网络，城市道路可以通过路灯杆检测到各种交通工具的流量、速度和行人行为，这是无人驾驶的前提；车联网是汽车成为终端的一部分，汽车之间组成本地"雾计算"集群，汽车可以与附近的车辆进行通信，以保持合理车距、车速，发出变道通知，无人驾驶最重要的不是汽车本身的智能化，而是汽车之间的信息交互，包括本地交互和远程交互；在以上两个条件都具备的基础上，无人驾驶才称得上是安全、可靠的。无人驾驶安全性的第一层含义是车身毫米波雷达、机器视觉系统，自动避让、主动刹车系统，能够进行近距离时段的安全防护；第二层含义是车联网实现车与车信息交互的安全保护，实现中短距离时段的安全防护；第三层含义是对周围环境数据分析后的快速判断系统，实现长距离时段的安全防护。无人驾驶普及的前提是车网融合。

（6）物网合一的社会价值与愿景

物网合一推动通信产业网运分离。随着我国数字化、"互联网+"、城市光网、农村宽带覆盖的深入推进，电信产业基站数量越来越多，网络规模越做越大，建设与维护成本不断攀升，网络重复建设问题逐渐凸显。同时，随着提速降费政策的执行，在现有模式下互联网利润增长空间已非常有限，物网融合的推进、CO

机房 DC 化[1]，5G 乃至 6G 网络建设的两端（数据中心端、最后一公里接入）将全部交给社会，多家运营商重复建设的网络未来将彻底整合成一张网，各类基站、小区宽带接入设施等可以纳入地产开发商的配套设施进行建设，工程管理方面实施"三同步"（同步设计、同步施工、同步验收），成立电信基础设施公司，对接开发商进行工程验收；在农村地区，可以设立普遍通信网络服务基金推动网络基础设施建设，目标是实现规模经济、普遍服务、公共产品化，类似电网、城市自来水管网。网运分离促使电信运营商、互联网企业、虚拟运营商、国外电信运营商等各类市场主体一起竞争，真正变成业务创新运营平台（国家发放电信业务运营牌照），专注于面向各行各业用户、大众消费者提供各类电信创新服务，促进社会生产、生活深度数字化、信息化，而电信基础设施公司提供"通道服务"，最后实现云计算，就像"自来水"一样，按照流量向电信业务创新公司收取服务费，客户向提供服务的电信创新服务公司缴费。

物网融合助力打造中国特色的数字智能社会。数字经济的下一步演进方向是智能经济，物网融合是数字经济发展的成熟形态，是人工智能的基础。网络强国不仅体现为网络速率、网络时延等网络自身指标，还体现为利用网络技术支撑生产效率与生活效率的提高及生活方式的改善。当前，互联网创业大潮、共享经济业务模式创新遇到了很多波折，这些波折的背后是违背经济规律的超前部署。以共享经济为例，如果物网融合，不再恶性竞争，其给社会带来的价值将更大。当前，我国数字经济的建设已经渗透到各行业各业，移动支付处于世界领先地位，物联网、车联网、BIM 建筑、CIM 城市、行业智慧化建设也在逐步推进，形成了具有中国特色的数字智能经济模式，增强了我国在数字智能社会的产品核心竞争力、商业模式核心竞争力、产业链的核心竞争力。

物网融合助力人工智能社会早日到来。众所周知，国民经济不断增长的前提是生产效率的不断提升，传统"人工＋机器"的工业制造模式已经让生产力接近"天花板"。在物网融合模式下，逐步减少了人的体力劳动乃至简单脑力劳动的参与，改变了传统企业的成本结构、社会运行成本结构，使生产效率产生增

---

[1] 局端机房，Central Office，简称 CO；数据中心，Data Center，简称 DC。

长拐点。人工智能社会生产效率的指数式爆发使实现"按需分配"的理想成为可能，人的健康、知识、素质会在繁重重复的简单劳动中彻底解放出来，形成人控制机器的全新生产关系。

### 三、车联网：车路协同大势所趋

交通行业在整个社会的技术经济演进过程中比较有代表性，交通行业对应的交通工具制造业也是如此。第一次工业革命中蒸汽机车、铁路、蒸汽动力汽车的发明带动了整个工业经济的发展；从蒸汽动力的改进而形成的内燃机及继而发明的发电机、电动机又推动了第二次工业革命，与此同时汽车制造流水线诞生，直到 21 世纪，80% 以上的制造企业都采用流水线生产；进入 21 世纪，汽车制造已经实现了数字孪生设计和工业机器人生产线；当我们奋力发展数字经济时，汽车工业已经普及工业机器人，开始探索无人驾驶。当前人工智能技术应用能够达到成熟期的首先是人脸识别，其次是处于产业萌芽期的无人驾驶，其他领域仍处在研究阶段。

按照技术经济进化论，公路交通体系是工业经济的产物，其已完成工业化进程，进而进入数字经济阶段。具体来说，第一步要实现数字化，包括车辆的数字化和交通设施的数字化两个方面；第二步要实现车联网，包括车辆与车辆互联、车辆与交通设施之间的互联；第三步要实现交通网络环境的数字孪生；第四步要实现专用级的无人驾驶，主要是面向封闭道路、封闭矿区、工业园区、高速公路级别的无人驾驶；第五步是通用级无人驾驶，可以在城市的街区实现自主化物流、自主化客运；第六步是超级无人驾驶，车辆会变形，从事各种社会化服务，包括客运、货运、抢险救灾、城市建设工程，如图 5-1 所示。

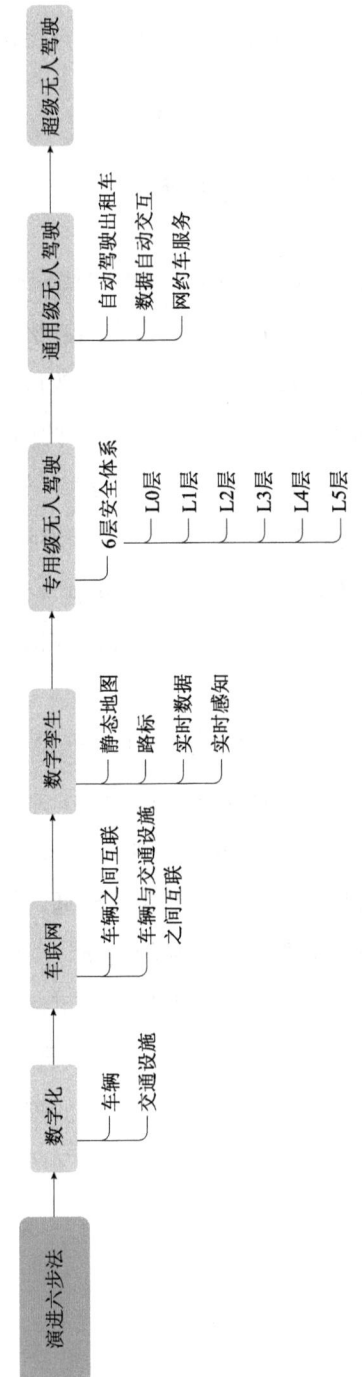

图 5-1 基于技术经济进化论的无人驾驶演进路线图（六步法）

## 1. 第一步：车辆的数字化与交通设施的数字化

数字化是互联网的前提，只要能数字化的事物都能连上互联网，成为数字世界的一部分，交通与汽车也是如此。汽车行业的创新多以汽车制造工厂、车间、生产线的数字化为主，汽车的数字化却发展缓慢。实际上，汽车也是一个移动的通信终端，但它与手机终端又有不同，承载了与道路交通环境因素的交互。过去，这种安全的交互、距离的交互都由驾驶员来完成，但现在数字化的车辆已由智能化技术来完成。例如，倒车需要超声波雷达感知、倒车影像，行车需要行车影像；汽车在行进的过程中需要识别车道、防碰撞紧急刹车，汽车的各种运行参数可以通过车载芯片和存储装置进行记录；当车辆出现故障时，可以在修理厂由分析仪进行故障分析。数字化汽车除了常见的车载DVD、车载MP3和车载GPS技术外，更高级的是具有自由调节发动机功率、自动油耗显示技术，驾驶者可以通过电脑显示屏来操控汽车的大多数功能。

当前，道路上的各种标识主要是直接的符号或者是模拟电路显示的数字，而数字化的道路以数字化显示为标志。例如，现在采用的限高标志是一块显示牌，但未来可以在限高装置上安装低功耗感应器，感应器中预制了限制装置的各种相关参数，为后期的网联提供数字化基础。对于城市来说，目前大量的路口设备已实现了数字化，传统模式下路口交通灯互锁是模拟电路，在现代数字电路环境下，所有路口的交通控制系统都可以实现数字化，数字化之后就具备了互联的条件。

## 2. 第二步：车联网

有了数字化的汽车和数字化的道路之后，车联网便应运而生了，车联网是无人驾驶的关键。当前，有的汽车企业试图通过人工智能技术直接实现无人驾驶，但超前的发展并不能达到预期的目标。要实现整个交通体系的无人驾驶，必须以车联网为基础，不仅需要数字化汽车，还需要数字化的公路及将各种交通要素互联起来。所谓的智能网联汽车其本质上是车联网。

自1991年"物联网"的概念被提出，人们就不断地在各个行业尝试实现人与物、物与物之间的交互，在交通领域则表现为车与路通信（Vehicle to Infrastructure，V2I)、车与车通信（Vehicle to Vehicle，V2V)、车与人通信（Vehicle to Pedestrian，V2P)、车与网络互动（Vehicle to Network，V2N)。实现这些通信的方式首推 5G-V2X 技术。下面重点介绍 5G-V2X 及其所包含的两大代表性方向 5G-V2I、5G-V2V。

（1）5G-V2X 是智能网联汽车的发展方向

智能网联汽车行业是我国的重要战略产业，也是 5G 在交通行业的重要应用领域，智能网联汽车可以实现物联网的相关功能。物联网是人与物相连、物与物相连，目前来看，以传感器应用为代表的窄带物联网技术已基本成熟，智能远程抄表、消防报警、智能照明、智能停车、智慧水利、环保监测、共享单车等窄带物联网应用已逐渐深入人们的生产生活，共享单车将从"2G 网络 + 蓝牙 +GPS"逐步过渡到 NB-IoT 窄带物联网 + 北斗定位，再逐步向 5G 承载 + 北斗定位的物联网过渡，但是汽车交通领域却依然没普及物联网，行业期待通过 C-V2X 实现这一功能。C-V2X 包括 LTE-V2X 和 5G-V2X。C 为 celuar，蜂窝之意。C-V2X 信息模式包括车与车之间、车与路之间、车与人之间、车与网络之间的交互，实现以安全为目标的人与车、车与车、车与公路智能设施的通信。

在 2018 年 IMT—2020（5G）峰会现场，IMT—2020（5G）推进组 C-V2X 工作组发布了《C-V2X 白皮书》。2018 年 11 月中华人民共和国工业与信息化部印发了《车联网（智能网联汽车）直连通信使用 5905～5925MHz 频段管理规定（暂行）》的通知，支持 LTE-V2X 技术在智能网汽车领域的应用和发展。其与国际主流频段保持一致，并为未来发展预留扩展的可行性。5G-V2X 的标准目前虽然尚不明确，但是却是未来的发展趋势，相对于美国的 DSRC（Dedicated Short Range Communications，专用短程通信技术），LTE-V2X 也具备 5G-V2X 过渡对的优势。DSRC 技术没有考虑后续升级，目前是一种固化的技术，在高速公路场景下整体性能相对于 5G-V2X 较弱。以目前的高速公路为例，当汽车以 140km/h 的速度行驶时（在国内目前是超速的，C-V2X 普及后预计会提高限速标准），采用 C-V2X 的汽车驾驶员有 9.2 s 的时间决定是否刹车，而使用 DSRC（基于 802.11p）的车辆只有 3.3 s 的时间，前者的感应距离是 450 m，而后者不到前者的一半[1]，这节省出来的将近 6 s 的时间将挽救无数人的生命。因此，5G-V2X

---

[1] 唐怀坤，张森. 智能网联汽车产业发展现状与三大创新方向 [J]. 通信世界，2019（22）：41-43.

的发展势不可当。

①基于 5G-V2X 的智能网联汽车交通安全应用场景功能[1]。

智能网联汽车在交通安全方面功能很多,本书仅列举以下几种。

紧急呼叫功能。车辆在行驶过程中一旦发生交通事故,特别是在山区公路、偏远地区公路、人烟稀少的地方,驾驶员很可能处于昏迷状态,这时紧急呼叫系统会发出求救信息到救援呼叫中心,其支持技术是 e-call 技术。e-call 技术在欧洲率先兴起,但是并没有普及。自 2018 年 3 月 31 日起,欧洲规定所有新车必须强制配备 e-Call 系统。这种技术可以不依赖于 5G 技术,但是 5G 时代到来后可由 5G 网络来承载。

会车远近光灯自动切换功能。在夜间行驶状态下,通过 V2V 技术,会车的对向车辆可以保持通信,并在一定的距离内配合光照感应,相互自动关闭远光灯,以提高会车安全性。

交叉路口碰撞预警。全国交通事故中 30% ~ 40% 发生在城市交叉路口,有的车辆在最后黄灯变为红灯的前 3 s 加速通过,此时可能右侧右拐车辆已经进入交叉路口。在这种场景下,车辆之间需要通过 V2V 预判对方的车速和行驶方向,发出碰撞预警,避免事故发生。

人行道状态提醒。夜间,行人、电动自行车闯红灯时有发生,车辆在能见度差的情况下极易发生事故。安装在人行道上的马路道钉能够显示马路上行人的状态,并将信息传递给 RSU(Road Side Unit,路侧单元),RSU 再传递给车载 5G-V2X 模块。另外,对于行人横穿马路的情况,也可以通过 5G-V2P 来感应,提前提醒驾驶员刹车。

慢速车辆预警。慢速车辆很多是城市公共服务车辆,5G-V2V 能够提醒后向来车,避免后车对车速判断的错误而发生追尾,从而达到安全的目的。

静止车辆预警。在高速公路环境下,车辆行驶速度快,刹车距离要预留 100 ~ 150 m,此时如果前方车辆抛锚或者碰擦停在公路中间,发生二次事故的概率较大。特别是冬季下雪的湿滑路面,经常会发生大面积追尾,此时就需要发生事故的车辆自动通过 5G-V2I 同步告知 RSU,并通过 5G-V2V 告知周边 1 km

---

[1] 唐怀坤,张森. 智能网联汽车产业发展现状与三大创新方向 [J]. 通信世界,2019(22):41-43.

范围内其他车辆该车的状态,让司机提前减速。

②基于 5G-V2X 的智能网联汽车提高交通效率的应用场景功能。

2020 年,中国汽车保有量为 2.81 亿辆,已与美国相当。城市道路的扩容滞后于车辆的增加,因此必须依靠优化道路设置(如十字交叉路改为城市地下快速路)、提升车辆之间的协同效率来提高交通效率,改善城市拥堵状况。2018 年曾有机构预计,北京市民每年因交通拥堵浪费的成本是 8000 元 / 人,提高交通效率已是当务之急。

不停车收费功能。虽然因为历史原因,DSRC 标准制定较早,但目前大部分收费站 ETC(Electronic Toll Collection,不停车收费系统)采用的是 DSRC 标准。相对于 5G-V2X,DSRC 标准的 ETC 存在安全风险,如盗刷问题。因此,一旦 5G-V2X 普及后,其替换 ETC 也是顺其自然、很便捷的事情。

不等红灯的通过提醒功能。城市交叉路口通过率是衡量交通管理能力的重要指标。大部分城市道路往往采取主干道 + 支路的形式,主干道是城市的交通动脉,通过车辆潮汐的计算、红绿灯等待时长计算,配合 RSU,实时提醒车辆不等红绿灯的绿波行驶速度,这样可以大大节省行车时间,达到节省车辆能耗的目的。

限高、限宽提醒。在过路、过桥、过铁路道口隧道时,通过 V2I 设置车辆相关参数,并与当前车辆参数进行比对,以达到提醒的目的。

城市公交车道潮汐综合利用。城市公交车道占据了城市主干道 1/4 的通行能力,平时能否使用,很多司机并不能实时了解,导致公交车道作用发挥受到限制。路口 RSU 通过 V2I 可以告知车辆当前公交车道能否使用。

③基于 5G-V2X 的智能网联汽车应用于生产生活场景功能。

智能网联汽车 5G-V2X 终端通过车与车通信可以实现生活中的服务预订、社交功能、电商功能,这些功能与传统移动互联网有较大的差别,其可以与车辆本身的感知技术及其参数相结合。

自动驾驶编队功能。5G-V2V 物流驾驶编队可以通过定速巡航实现自动驾驶,自驾游车队、城市婚礼车队也可以通过 5G-V2V 通信与编队功能实现,这是未来编队型无人驾驶的雏形。

基于 5G 的车载摄像头影像自动云存储功能。停车期间，车辆有任何震动，通过该技术能自动拍照并发送至车主手机，对恶意损坏或偷盗进行报警。司机还可以即时从车联网设备上获得交警发布的动态交通信息，灵活选择最优驾驶线路。

车辆行驶中的随机社交功能。此功能通过扫车牌，可以呼叫对方，也可以加好友，此时需要副驾驶辅助。其他方面包括车联保险、保养到期提醒、剩余油量（电量）与服务区距离提醒或自动预约、车辆后备箱收发快递、无人驾驶接送站等。

（2）5G-V2I 公路物联网应用分析

工业化时代土木结构组成的公路将向数字经济时代的现代化公路转变，其中基于 5G、物联网、云计算等打造现代智慧公路是未来公路的发展方向，是为未来所有道路都能实现无人驾驶服务的。而这其中，城市公路、高速公路、普通公路三种道路场景下各自不同的物联网建设场景对 V2I 提出了不同的技术需求。

① V2I 的研究与实验进展回顾。❶

近 5 年，有关车辆与道路基础设施通信（V2I）的理论与实践有很大进展。2015 年，有学者认为 RSU 应该是全功能的，并把 RSU 当作 AP 热点，可提供随时随地接入互联网的功能。RSU 的功能不包含汽车与公共网络的链接，这个功能应该由 V2C 来完成。其中有基于带宽的原因，也有切换、信号稳定性、速率等都不能适应高速移动下的车辆的原因。尤其是当车辆拥堵时，更是无法满足大连接功能。也有学者提出基于 ZigBee 的 V2I 通信节能技术。Zigbee 虽然能耗较低，但是对在高速行驶环境下的传输带宽、安全性、可靠性、传输距离等都无法满足。2017 年，德国奥迪汽车公司提出在美国内华达实现 V2I 通过 4G 通信与交通的信息互联，车内仪表盘和抬头显示系统可以显示交通灯状态、红绿灯时间，并可以与发动机启停、导航相连，这是 C-V2I 的雏形。2017 年 12 月，承载式光伏高速公路试验段在济南建成通车，该公路不仅可以通过太阳能发电，还可以给行驶中的电动汽车充电，并且可以感知路面积雪和结冰情况而进行适时的融雪。

---

❶ 唐怀坤. 基于 5G-V2I 的公路物联网应用分析 [J]. 通信世界，2019（24）：27-29.

这种路面如果能解决全生命周期内建设养护成本问题、道路摩擦系数问题、路基承重问题，未来将有很大的推广空间。2019年，北京市交通管理局利用道路结冰传感器对易结冰路段进行实时监测，并在路侧安装信号接收器，智能化感知路面结冰情况，并将温度、湿度、结冰程度信息传送回交管部门。这些智慧公路基础设施都是未来V2I的雏形，但这个过程是慢慢演进的。

另外，虽然DSRC标准实现较早，但目前行业内还没有利用DSRC技术解决V2I的普及商用成功案例，且未来5年内世界上大部分国家5G网络将实现全网全域覆盖，DSRC技术如果要实现V2I必须另外建设一张区别于5G的网络，这显然也是不现实的，因此未来发展趋势还是应该以LTE-V2X及平滑过渡到5G-V2X为技术主线。目前，基于LTE-V2X相关的RSU和OBU（On Board Unit，车载单元）的测试用产品已经上市，其具体参数如表5-1所示。

表5-1 标配型RSU和OBU应该具备的基本功能

| 设备类型 | RSU（路侧单元） | OBU（车载单元） |
| --- | --- | --- |
| 天线接口 | 4G/5G主副天线、PC5主副天线 | 支持蜂窝（Uu）、直接通信（PC5） |
| 定位 | 支持GPS/北斗卫星导航系统 | 支持GPS/北斗卫星导航系统 |
| 频率 | 5.9GHz | 5.9GHz |
| 数据接口 | 千兆网口、光纤接口、USB接口、RS232接口 | CAN、串口、RJ45、USB |
| 供电方式 | POE、-48V、市电、24V太阳能+蓄电池（可选） | 12V车载电源 |
| IP等级 | IP65 | IP55 |
| 时延 | ≤20ms | ≤20ms |
| 其他 | 满足Telematics | 支持Linux/鸿蒙操作系统 |

② 5G-V2I技术特点分析。

高可靠性。D2D（Device to Device，终端直通）技术是指借助Wi-Fi、蓝牙、LTE-D2D技术实现终端设备之间的直接通信。V2I技术本质上就是D2D技术；通过5G的uRLLC（Ultra-Reliable Low Latency Communications）高可靠性实现低时延连接。连接时延要达到1ms级别，500km/h高速移动场景下能实现99.999%的可靠性，那么高速公路时速120km/h情况下也能实现99.999%的高可靠性连接。在此车速下，如果每隔200 m有一个路侧单元RSU，那么这种切换和连接也是可以实现的。

经济性。进行低成本、低功耗的物联网终端和中继端设计，通过低成本D2D连接模式代替物联网终端直连蜂窝网络的模式，RSU路侧单元耗电量较少，可以通过POE或者太阳能与风能相结合的方式进行供电，其信息的传播也可以通过5G基站网络转达。数字化的道路、智能感知的道路通过RSU与5G网络、车辆之间实现互联，降低了无人驾驶的技术实现成本，能多维度提高车联网安全。

实时性。通过车辆与RSU的互联实现道路状态、事件的实时感知，道路交通管理部门对路况、车辆的实时广播。道路实时感知是将信息实时传递给车辆，通过辅助自动驾驶阶段的车主或者无人驾驶阶段的车载驾驶脑实现自主判断。在车辆高速移动的环境下，这一功能使驾驶人和车辆的安全系数大大提高。

安装的强制性。随着车联网的普及，仅仅安装RSU还远远不够，如果没有车载单元OBU，车联网就是空谈。因此，未来车辆的生产标准是强制安装OBU。OBU要求将车辆的相关信息准确填写，不允许更改，而且车辆与RSU的交互也是实时的，这将成为车联网时代的标配。

③ 5G-V2I使用场景分析。

我国公路分为高速公路、城市道路、普通乡间公路等，每一种道路的路况相差很大，环境不同、车速不同、车流量不同，基于V2I的需求也不尽相同。高速公路环境下，强调快速行驶中的安全服务；城市道路侧重对行人的保护；普通乡间公路的场景很多，包括平原公路、山区盘山公路、农村公路等，普通乡间公路对车辆驾驶人的安全和行人的安全都有需求。此外，三种场景下还有各种路段，包括桥梁、隧道、高架桥等。

基于5G的RSU路侧单元作为道路信息的终端参与车联网系统，相对于V2C其优势很明显，可以实时将现场所在位置的状态进行路与车的信息交互。

第一种场景：高速公路场景。

目前，我国高速公路有15万km，里程数居世界第一，且大部分高速公路为近10年建设，道路基础设施较新，具备数字化、智能化的基础。我国高速公路交通的特点是节假日拥堵、事故频率增加，尤其在雨雪雾等恶劣天气中经常发生多车追尾现象。5G-V2I 在高速公路具有下述功能。

路面事件提醒。通常情况下，导航不会告知前方具体多少米有抛锚车辆需要避险，或者前方哪个车道正在进行维修，但 RSU 终端可以搜集到相关信息。

服务站点提醒。服务区、收费站、监测站、维修站等高速公路服务站点的实时状态可以通过 RSU 进行提醒；通过 5G-V2X 或者车牌识别，可以实现不停车缴费。

路况实时提示。湿滑路面、结冰路面的信息参数通过路面传感器检测后实时传递给 RSU，再由 RSU 传递给车辆，最后显示在仪表盘或者 V2X 终端上。

车辆测速。道路维护管理部门、公安交警可以通过 RSU 检测车流量；RSU 之间的信息传递可以实时显示车辆的准确车速，节省大量测速设备投资。

高速公路上因为车速快，最核心的是安全因素，其次才是通行效率和道路高效的管理，因此是 5G-V2I 中最先受益、需求最明确的场景。

第二种场景：城市道路场景。

城市道路的拥堵成本非常高，全球每年拥堵成本已经达到了上万亿美元，如果将路边单元设施与车辆互联起来，则能实时掌握交通信息，进行车辆违章检测、城市内涝险情预判，从而大大提高车辆的通行效率，减少拥堵成本。

交叉路口场景。路边单元（RSU）收集交通灯、信号灯的实时信息，并将信号灯当前所处状态及当前状态剩余时间等信息传送给周围车辆。车辆收到该信息后，结合当前车速、位置等信息，计算出适当行驶速度，并引导车速，以提高车辆不停车通过交叉口的可能性。

人行道场景。道钉与 RSU 配合，人行道道钉通过压力传感感知路面行人信息，对行人闯红灯进行抓拍并通过人脸识别曝光；或者将信息传递给 RSU 单元告知正常行驶中的车辆斑马线有行人等。

行人横穿马路场景。行人横穿马路发生交通事故的概率很高。5G-V2I 下摄像头可以捕捉到正常机动车路段有行人经过，会给 RSU 发出警告。这一功能在雨雾、湿滑、夜间环境下可以大大提高行驶安全性，减少因横穿马路带来的事故。

违章场景。单向行驶车道、闯红灯、违停抓拍路段等容易发生违章的地方如果发生了违章可以实行先预警再罚款的模式，提高违章处理效率。例如，在违停路段，车辆到了这个范围内就会提醒，如果非拥堵原因停止超过 3 分钟则进行抓拍。违停路段通常是交通的瓶颈，通过实时提醒可以提高交通效率；对于一些限行的时间段和路段，通过 RSU 可以在进入某路段的岔路口前提醒驾驶人员前方哪条道路是限行的，以此减少违章发生率。

公交专用道行驶。公交车道在非限行时间内闲置问题是城市交通的普遍问题。在非限行时段，公交专用道可以通过 RSU 终端提醒车辆可以行驶，在限行时间内则提醒不可行驶，与此来达到潮汐综合利用的目的。

暴雨场景。由于大部分城市是沥青、混凝土等非渗透型道路，夏季暴雨内涝经常会在短时间内形成。城市中也频发隧道、内涝淹车的场景，因此需要路侧终端提醒进入该路段的车辆前方内涝深度，以提前规避该路段。

类似场景在城市中还有很多，其最根本的目的是提高城市的交通安全、交通效率，使居民生活便利，让城市更宜居。

第三种场景：普通公路场景。

连接城乡之间的省道、县道、乡道等普通公路路况非常复杂，其重点保障的是客运车辆、货运车辆的行驶安全，以及对村镇居民的安全保障。未来的无人驾驶能够提供既经济又实用的智慧道路工具，具有安全警示、数字化路标、车辆信息匹配提醒等功能。

安全警示。在前方路面坍塌、护栏毁损、前方泥石流、前方有塌陷等情况下，该功能可以提前告诉车辆绕路。这种安全警示在盘山路用途很大。盘山路通常没有岔路口，道路的实时信息可以在上山的路口通过 RSU 实时提醒前方盘山路的路况，以便让司机提前决策。

车辆信息匹配提醒。该功能可以将隧道桥梁高度、龙门架高度、桥梁行驶限重、路基宽度等信息与车辆本身的属性进行匹配并进行提醒，当车辆违规行驶通过时会向交管部门（或对应的产权单位）发出提醒，并配合摄像头搜集现场信息。

直角弯车速提醒。该功能可以感应到车辆速度，提醒车辆以适当的速度行驶；在山路中如果会车时处于视线盲区 RSU 终端会提醒前方来车，让其提前变道。

农村道路的路侧单元可以与摄像头配合，捕捉路中的行人图像，提示车辆前方多少米有行人通过需要减速。

5G-V2I 是 5G-V2X 的一种应用，其打通了公路、交通控制管理设施与车辆之间的物联关系，由连接产生数据，由连接促进市场应用，由连接保障安全。

（3）5G-V2V 车与车通信

车与车通信是车联网最典型的应用场景，也是当前物联网技术在车联网领域的具体应用。在"物—物"互联方面，工业机器设备之间、共享单车与云控平台、智能家居物联、环境监测、可穿戴设备等都是具体的应用，但物联的重要应用领域——车与车之间的通信却发展缓慢。5G-V2V 是解决车与车之间通信的发展方向，它是未来无人驾驶的基础，是无人驾驶在渐进式发展中不可逾越的阶段。

① V2V 理论与实践进展。

业内最早在 2000 年提出了"Ad-Hoc"（点对点模式）移动自组织网络技术。Ad Hoc 源自于拉丁语，意思是"for this"，引申为"for this purpose only"。移动自组织网络是一种多跳的临时性自治系统，最早应用在军事领域，目前在无人机领域应用广泛，虽然其在车联网领域也可以应用，但远未达到未来车联网、无人驾驶使用场景要求。1992 年，美国材料与试验协会（ASTM）提出了 DSRC，即专用短程通信技术，是专门开发的适用于车辆通信的技术。近年，国内有技术研发人员提出了"城市车联网 V2V 链路时延动态预测"及"基于 V2V 和 GPS 的不受控交叉口的预警算法"，这是未来没有红绿灯时代 V2V 的技术基础。有人提出车辆自组网，这是未来自动驾驶编队的雏形；街道环境 V2V 通信信道建模与容量分析及"时延 QoS 保证的 D2D_based_V2V 车载通信功率分配方案"提出了车载通信功率分配的算法、模型。以上这些研究都是对 V2V 的探索。总之，目前车与车通信主要依靠 DSRC 技术、Ad Hoc 技术、C-V2V 技术，C-V2V 技术中的 5G-V2V 是未来的发展趋势。

2012 年，美国交通局成立了一个专门研究 V2V 技术的研究中心。2016 年 12 月，奥巴马政府提议，要求所有的汽车、轻型卡车都配置 V2V 技术；丰田也在日本推出了 V2V 技术；通用集团在数年前就已经推出了安吉星提供的 4G-LTE

网络平台。关于 V2V 还有很多其他名称,一些厂商把它叫作 Car-to-X,或 internet of cars、connected car,但无论什么称谓,在未来车载系统实现标准化之前,V2V 技术都只是一种高端品牌车辆内部使用的功能,其在短期内只是豪华汽车里一个炫目的科技配置。

② V2V 技术分析。❶

V2V 节点通信技术。应用了 V2V 技术之后,5～10 个节点的跳跃就能收集 1.6 km 外的信息。车辆可以在每秒内发送 10 次地点、时速、方向及其他方面的信息,一辆汽车可以检测另一辆车的运行轨迹,如另外一辆车是否要抢红灯,或者是否会突然拐弯等,从而避免碰撞事故的发生。各种车辆之间都可以通过 V2V 实现通信,如商用卡车和客车、农用车辆和矿山车辆可以通过车载设备进行通信等。在起始阶段,该技术将主要在园区、矿山、大型展馆、校园等相对封闭环境下实现。

V2V 组播技术。正如 V2V 技术提出之初所预测的,车辆行驶信息的提前播报,可以为驾驶员提供足够的反应时间,针对前方路况决定是否要提前减速或者绕道行驶,从交通安全与道路通行效率方面出发,都具有很大的帮助。车辆信息的播报是车辆实施精确动态安全预警计算的依据。

V2V 屏幕显示技术。在高级辅助驾驶阶段(L3 级别),V2V 技术通过视频显示、声光告警提示驾驶员行驶安全;通过平视显示器、抬头显示系统等实时动态提醒,当信息量较大时,则通过 V2C 云端的加入,作为信息中转与处理平台。

V2V 视联技术。汽车行驶记录仪配合 V2V、5G 技术可以升级为视联自组织网络,车队之间的行驶信息状态可以在需要的场景下被调用,且基于这个技术会带来丰富的应用场景;车辆传送的视频数据可以通过请求和同意实现数据的互动。

③ V2V 的应用场景分析。

当前,汽车主动安全技术(L2/ADAS 为主)已经应用在 C 级以上的轿车上,包括自动紧急刹车(AEB)、自适应巡航(ACC)、车道保持系统(LKS)、自

---

❶ 唐怀坤 .5G-V2V 是无人驾驶的必经之路 [J]. 通信世界,2019(24):24-26.

动泊车（AP）、前车防撞预警（FCW）、车道偏离预警（LDW）、行人碰撞预警（PCW）、疲劳预警（DMS）、盲区监测（BSD）、远近光灯辅助（ADB）、夜视系统等。据统计，装备了自动刹车系统的汽车可以减少27%的事故发生率；车道保持与偏离预警功能，可以提高高速行驶下的稳定性；自适应巡航功能，能够保持前后车的距离。这些技术都是基于汽车本身的自动化控制技术，而汽车与汽车之间的互通信技术则更进一步提高了车辆之间的行驶安全。采用V2V技术之后，对于不涉及酒精的交通事故，其可以防止或者降低80%的普通交通事故率。因为它可以检测到建筑物后面、传感器及摄像头监控范围以外的车辆。V2V技术最主要的功能是监测车辆间的车速与车辆所在位置，并能共享实时路况信息、紧急事故甚至恶劣天气等。其有以下三种应用场景。

第一种：高速公路V2V技术典型应用场景。

高速公路环境下，车辆有多种行驶状态，如抛锚停车、前方堵车、车辆编队行驶、跟车行驶、变道行驶等。高速公路抛锚停车非常危险，后方车辆车速很快，刹车距离60～80 m，大货车刹车距离更长，即使驾驶人员沿着道路逆向摆放"三脚架"也非常危险。此时V2V就会派上用场，通过组播方式实时警示后方车辆前方多少米有车辆抛锚停车，需在多少米减速。在大雾、暴雪、冰冻等场景下，如果采用V2V技术，则可以提前500～800 m播报事故点和相对距离，提醒后方所有车辆根据距离减速、刹车，这是当前所有的地图导航功能不具备的。在高速公路环境下，物流车队可以实现自动编队巡航行驶，车辆之间可以保持合理距离，提高安全系数，降低运输保险成本。当车辆配备了无人驾驶，可以在头车引领下，车队保持无人驾驶环境下的匀速行驶，减少驾驶员数量，降低物流成本，为企业提高竞争力。

第二种：城市道路V2V技术典型应用场景。

在城市道路环境下，V2I、V2C、V2P比V2V的功能使用场景要多，但V2V也非常必要。在V2V的场景下，车辆通过交叉路口可以互相通信，根据所在车道向对方传递速度和行驶轨迹。红绿灯的存在是因为车辆通行无法有序排序，因此采用了双向"大颗粒"的等待时间来排序。这种排序效率很低，在十字路口，某一方向即使只有1辆车，另外一个方向的几十辆车也要一起等待几十秒的红绿灯。而采用 V2V 技术，车辆有始发地和目的地、行驶轨迹，车辆在交叉路口可以一起排序。按照这个逻辑，未来的红绿灯也许会消失。此外，城市中的应急车辆、公交车也可以通过 V2V 提高通行效率，而不是仅仅靠救护警笛、专用车道的方式。当车辆需要使用专用车道时，通过 V2V 可以通知前方车辆变道让出车道，这样可以提高应急车辆、专用车道的通过率。

第三种：普通公路 V2V 技术典型应用场景。

普通公路是所有公路中里程最多的，道路场景也是最复杂的。其基础设施配套不如高速公路、城市道路，V2V 可以派上大用场。从自然灾害阻塞道路预警、恶劣天气行驶提醒、道路拥堵视频网联到不受控交叉路口的交叉通过等都有一定的应用场景。

如岔路口辅助，很多普通公路交叉路口是没有红绿灯的，其应用如上述城市十字路口场景，车辆通过 V2V 向周边车辆广播车辆位置、车辆行驶和车辆操作数据，车辆通过收集多个方向的车辆位置、速度计算可能出现的车辆碰撞概率，从而提醒驾驶员注意，或者在无人驾驶时车辆直接作出决策。

总之，V2V 的应用会树立"物—物"通信的典范，是个逐步演进的过程，提高了汽车消费者使用车辆的安全系数，节省了通行时间，降低了社会保险成本，提高了交通管理效率。其投入是比较经济的，而且是无人驾驶的技术基础。

**3. 第三步：交通网络环境的数字孪生**

数字孪生是实现无人驾驶的重要环节，因为人工智能识别的是数字环境，即人工智能是将现实环境转化为数字世界中可以识别的符号而运行。如果我们把物理世界孪生到数字世界，则可以形成人工智能实时动态的环境。

数字孪生的重要应用是高精动态地图，其由四层要素构成：第一层是静态地图，仅显示路网现状；第二层是路标，即路网上面各种线条、行车道标识、车速限制数据；第三层是路网控制实时数据，包括红绿灯的时长、绿波速度等；第四层是实时感知层，包括路上的所有车辆流量情况、其他非机动车辆和行人等。

日本很重视数字孪生高精动态地图技术开发，把高精动态地图作为无人驾驶的重要基础设施来投资。2013 年，日本启动了名为 SIP（战略性创新创造方案）

的项目，它是由日本内阁政府推进的日本复兴计划，自动驾驶是其核心之一。其实，日本对高精度地图标准的制定可以追溯到 2000 年，直到 2010 年才真正开始高精度数据表达的研究，并发布了 DRM21，同时开展数据预演。2015 年，该项目开展了自动驾驶的静态数据调研，数据模型基于日本电子地图协会（DRM）的基本款框架，由日本知名图商 Pasco 主导调研。2016 年，在静态基础数据的调研结果基础上其开展动态地图数据调研，专门成立了由车厂、图商等产业链上下游合资成立的"Dynamic Map"动态地图公司，对动态地图数据用例、要素内容与定义展开讨论。2017 年，动态地图平台端的调研成果初见成效，日本进行了车载端应用规格标准制定，KIWI 协会凭借在物理存储格式上积累的经验加入 SIP 项目组，着手动态地图基础数据在车载物端的规格导入。而在 2017 年，由三菱、Zenrin 主导的一些图商、车厂成立了动态交通地图公司（Dynamic Map Planning）。2017 年，日本动态高精度地图开始走向产业化。

4. 第四步：专用级的无人驾驶

专用级无人驾驶对应技术经济进化论中的专用人工智能。在推动智能网联汽车技术、产业发展的过程中，在安全因素、技术因素、成本因素、消费因素等所有影响因素中，安全因素是最关键的。车联网产业、智能网联汽车的研究应该以安全为出发点，以安全为研究主线，以安全为技术体系主线，以安全为测试主线，以安全为主要评价标准。

（1）安全是智能网联汽车的本质❶

车联网在国外起步较早。日本最早在 1960 年开始研究 V2V，欧美国家在 2000 年前后也开始研究，我国在 2009 年开展了车路协同的"863"研究项目。2014 年，4G 催生了"移动互联网时代"，随后 2014—2017 年车联网进入了低谷期。而随着人们对 5G 商用化的期待，为车联网等关键应用领域而开发的"低时延、高可靠"技术标准已经深入人心，且随着 2016 年一波人工智能技术的热潮，人们对智能网联汽车充满了兴趣，全国各地纷纷开启智能网联汽车测试。然而，无论是车联网还是智能网联汽车的研究，依然面临核心技术主线不明确的问题，

---

❶ 唐怀坤. 缺乏安全皆空谈 智能网联汽车如何消除用户顾虑 [J]. 通信世界，2019（23）：34-37.

而这个核心技术路线就是安全。

每个产业的发展都有其初衷，智能网联汽车产业也不例外。车辆是人类自工业化开始最基本的交通工具，它最核心的要素就是安全。本书所述的车辆主要指公路交通工具，以各种动力汽车为主，英语称其为"vehicle"，泛指各种载人或载物的机动车；"car"意思是小汽车，多指载人的小汽车或轿车，也包括大中小型巴士车、观光车等。本书提到车联网主要是指"vehicle"。

世界卫生组织网站提供的数据显示，全世界每年因道路交通事故死亡约125万人，相当于全球每天有3500人因交通事故死亡。数据显示，每年还有几千万人因此而受伤或致残。其中，交通事故是15~29岁年轻人的首要死亡原因；每年都有100多万户家庭因交通事故而失去亲人。对世界卫生组织安全事故报告分析后可以发现两大规律：一是安全事故导致的死亡人群中，行人（22%）、摩托车驾驶者（23%）、骑自行车人员（4%）三类人群的死亡人数占了50%左右，因此智能网联汽车、无人驾驶要保护的是这类群体。二是安全事故导致的死亡因素中，超速行驶、不遵守交通信号灯规则、机动车和非机动车混合、酒驾是主要因素，而且这些因素都是人的因素，而非机器的因素。换句话说，如果汽车能代替人来做准确度更高的驾驶决策，就会大量减少伤亡事故，这应该是智能网联汽车首要考虑的方面。

（2）智能网联汽车6层安全体系

目前，在车联网领域存在两大类体系：一种技术体系基于单车智能，面向无人驾驶的演进，包括SAE（Society of Automotive Engineers，美国汽车工程师学会）的L0~L5层演进体系，NHTSA（National Highway Traffic Safety Administration，美国国家公路交通安全管理局）的L0~L4层演进体系，后者的L4层其实包括了前者的L4和L5层，因此二者本质上是一致的；另外一种技术体系是中国汽车工程师学会的智能网联汽车级别，包括智能级别和网联级别两条融合的技术线。国内的技术线认为只有单车智能还不够，还需要通过网联技术提升V2X实现车路协同（V2I）、车车协同（V2V）、车与行人协同（V2P）等。2016年，中国汽车工程学会将智能化分级为驾驶辅助（DA）、部分自动驾驶（PA）、有条件自动驾驶（CA）、高度自动驾驶（HA）、完全自动驾驶（FA）；

在网联化方面，分为三级，即网联辅助信息交互、网联协同感知、网联协同决策与控制。可以看出，无论是美国主导的单车智能自主式自动驾驶演进路线，还是中国的"智能＋网联"的无人驾驶演进路线，都是基于技术层面的，而不是基于安全的，虽然实际测试、标准化过程中会考虑安全因素，但是并没有将其提到核心位置，这是当前国内外智能网联汽车发展的隐患。本书认为，车辆本身是一个移动的物品，有动能、惯性、力量，正是这个原因，交通事故才会有伤亡，因此本书尝试从安全的角度分析技术体系。如表 5-2 所示，车联网环境下智能网联汽车安全保障体系可以分为 L0～L5 共六层，每多 1 层，系统就多一项可靠系数，以此最终实现智能网联汽车在行驶状态下 99.999% 的安全可靠性。

表 5-2 车联网环境下智能网联汽车 L0～L5 六层安全保障体系

| 安全体系 | 关键技术 | 重要指标 | 响应时间 |
| --- | --- | --- | --- |
| 第 L0 层安全：切换回人工驾驶 | 紧急情况的 1 键切换 | 切换的可靠性 | 毫秒级 |
| 第 L1 层安全：紧急制动 | 激光雷达、超声波雷达、毫米波雷达 | 距离（P/V/I） | 毫秒级 |
| 第 L2 层安全：环境感知 | 图像立体识别技术、车道偏离、轨迹预判、静态导航地图 | 碰撞预警与矫正（P/V/I） | 毫秒级 |
| 第 L3 层安全：C-V2X | V2V、V2I、V2P、高精动态地图 | 信息交互延时（P/V/I） | 毫秒级 |
| 第 L4 层安全：车载驾驶脑 | 决策算法、机器学习、防入侵系统、防破解 CA 证书 | 算法可靠性、破解概率 | 毫秒级 |
| 第 L5 层安全：云控平台 | 可信云计算、信任机制 | 互联可信度 | 秒级 |

① L0 层安全：1 键切回人工驾驶功能。

无论是当前 SAE L2 层 ADAS 级别的自动驾驶，还是未来完全无人驾驶阶段，SAE 的 L1~L5 层级都存在一些安全的隐患，可能会出现一些失控的局面，而当这种危害出现时，车辆内的人员和车辆外的环境因素都受到安全威胁，未来的无人驾驶需要避免上述情况。在车上有驾驶员时，可以实时切换回人工驾驶；在车上无驾驶员的静止状态下，应默认为人工驾驶状态，乘客上车后可开启无人驾驶状态。对于黑客来说，车联网是通过 IP 网络接入公网，可以通过 OBD（车载诊断系统）端口进入车辆内部系统控制车辆，近场环境下还可以通过蓝牙和 Wi-Fi 网络进入车载系统。未来的汽车应该能够实现 1 键硬切换，通过取消系统供电、切断"车载控制脑"信号的形式将车辆的控制权交回驾驶员，切换的时间应该毫秒级，进入人工驾驶为秒级。未来的车辆从有人驾驶到完全无人驾驶之间会有过渡阶段，过渡阶段的方向盘、脚刹和油门脚踏很可能是隐藏式的，全部集成到隐藏式方向盘上，以力度传感器的形式出现。此时的方向盘也只是在紧急情况下才使用，因此方向盘会比现在的方向盘小、简洁，紧急情况下面板可以开合，方向盘可以伸出；平时反向盘是收起、隐藏的，以节省车内空间，让自动驾驶名副其实。

② L1层安全：紧急制动。

当前激光雷达、毫米波雷达等被视为无人驾驶的标配，但是激光雷达属于高精密器械，以目前的制造水平还没有达到生产效率提升、商用化普及使可变成本降低的程度。固定成本偏高的主要原因是当前的调试技术主要靠专家级的工程师即主要靠人工来实现，尤其随着雷达线速的提高，调测工作量呈现几何级增长。此外，64线雷达价格昂贵，安装64线雷达的整车价格达到50～70万元，而8线的激光雷达价格则在其1/10以下。无人驾驶测试厂家使用的激光雷达是核心装备，但一辆20万元的家用轿车配备车辆本身价格几倍的智能装备显然是不现实的。这种情况下，高昂的激光雷达成本可以分摊到V2X、图像识别、高精动图等其余安全技术中去。

低配的激光雷达与毫米波雷达、超声波雷达三者之间各有所长，感应距离、天气环境适应性各不相同，但是本质上都是用来测距的，测距的目的是配合车速计算刹车距离、刹车时间，以实现紧急制动。当前超声波雷达已是家用轿车的标配，可以完全实现高速公路上的安全跟车距离内的测距、刹车提醒保障；激光雷达的特长是精度比毫米波雷达高，可以360°测距、环境建模。当车辆与物体的距离达到刹车安全距离时，车辆应该能够紧急制动，并能通过车速和距离确定刹车的幅度。当车速为120 km/h时刹车距离在100 m以上，在城市道路上的40km/h行驶时刹车距离应该控制在15 m以上，如果配合L3级别的V2I路面湿滑等天气提醒，可以动态调整刹车距离。

③ L2层安全：环境感知。

当前，对环境的感知是无人驾驶的痛点、难点，如果放在智能网联汽车体系内，其难度则可以大大降低。环境感知包括对周边环境的图像识别、物体识别、车道偏离、周边机动车与行人的移动轨迹速度预判等，核心是识别出车的位置、周边物体的位置，它需要L1层雷达技术提供数据，同时可以通过L3层的V2X的反馈确定危险等级和碰撞概率并保持安全距离，目的是使车辆始终处于一种相对安全的位置。例如，利用图像识别、激光雷达、静态导航地图，当车辆偏离行驶轨迹、离路面过近、通过狭窄桥面、通过狭窄的山道时，车辆会始终保持在合理的速度和安全位置。静态导航是目前依靠移动互联网和全球卫星定位系统形成的以2D为主的导航技术。

④L3层安全：精确定位。

C-V2X是国际上无人驾驶两条技术路线的核心差别：单车智能和网联智能。C-V2X是网联智能的核心观点，当前谷歌、亚马逊、微软等企业实验的无人驾驶多利用上述安全层次中L1或L2层内的技术，试图通过人工智能技术直接实现无人驾驶。但是从理论来讲，整个社会的发展不可能从工业经济跳跃到智能经济，中间必然要经历数字经济的阶段，而数字经济要经过数字化、互联网和物联网、数字孪生三大阶段。C-V2X技术的核心理念是互联网和物联网，而数字孪生为高精动态地图，就是将地理环境、车辆的行驶映射在数字环境中，并可以通过L3层技术实现车辆之间的信息本地共享、云端共享，配合北斗地基增强技术自主显示车辆的立体准确位置、旁观者视角的行驶场景，误差不超过1cm。车路协同（V2I）、车车协同（V2V）、车与行人协同（V2P）等V2X技术可以互相告知对方自己的位置和速度，根本目的也是在区域环境中精确定位，包括当前位置和即将移动的位置。

⑤L4层安全：车载驾驶脑。

车载驾驶脑是人工智能技术在无人驾驶中的真正应用。车载驾驶脑好比一个虚拟司机，对逐层上报的L1~L3级别的数据进行综合判断、快速决策，并将相关数据有选择地上报L5级别，L5级别提供系统升级服务、驾驶参考数据服务。车载驾驶脑在本地状态下是车辆行驶的最高"指挥官"，是人类命令的最高"执行官"。如果说人工智能发展有3个阶段，即专用人工智能、通用人工智能、超级人工智能，那么车载驾驶脑特指专用人工智能，但是不排除其未来发展成通用人工智能、超级人工智能，甚至在超级机器人阶段像"变形金刚"一样可以在机动车和人形机器人之间进行切换。智能网联汽车将是5G、云计算、物联网、人工智能、IC芯片等技术集中爆发的行业，而且产业的带动性强、跨行业通用性强。车载驾驶脑在无人驾驶领域逐步成熟的同时可以广泛应用于仓储物流、矿产开采、加工制造、建筑工程等诸多领域。

⑥ L5层安全：可信云计算、信任机制。

这一层的安全机制基于公共服务云平台、私有业务云平台、交通管理平台等，通过云平台，车辆可以实现道路路径优化，实时接收交通状态信息、交通效率引导、共享汽车服务、商家服务；构建网联化基础上的效率模型，包括最优路径规划、公共政策提醒、车辆行提醒、车辆保险管理、车辆保养管理等。汽车作为交通工具不仅具有物理属性，还有社会属性，尤其在共享经济时代，无人驾驶汽车不仅可以作为司乘工具，还可以作为投资于交通的增值工具，如通过可信云计算实现车辆在无人驾驶状态下的运送货物、运送网约乘客等。

由于从L0到L5层是技术不断演进的过程，L1~L5层之间可以互相协同校准以提高可靠性，因此从某种程度来说，各层感知的距离、速度、角度有可能是重叠的。从L0到L5层技术成熟度是不断减弱的，因此当下一层不安全时系统将主动释放控制权，实现从高到低逐层释放，以及由驾驶人员一键切换回手动驾驶。这样无论从研发角度，还是从商用的角度，都可以形成一套闭环的安全机制。车联网环境下智能网联汽车的安全体系技术架构中处于优先级别的应该是人类对驾驶的控制权及对环境感知的紧急制动能力。如果在黑客攻击的情况下，车辆被控制后欲制造交通事故，但是在车距的安全刹车距离范围内车辆应该能够不执行车载驾驶脑的命令而实施主动刹车，这是仅次于人类控制权的优先控制权。

车联网行业整体发展、智能网联汽车技术的演进都应以技术安全、服务于安全为主线。在从L0向L5演进的过程中，汽车安全技术也会逐步升级换代，每级测试达到99.999%安全标准则可以投入使用，逐步实现无人驾驶，提高车辆行驶状态下的安全可靠性，接近人类对道路交通事故零伤亡的期待。

### 5. 第五步：通用级别无人驾驶

通用级别无人驾驶对应技术经济进化论中的通用人工智能。通用级别的无人驾驶除了拥有车辆自主行驶的功能，还包括车辆的其他功能，如对话功能，能够与人正常沟通，进行逻辑思维、语音识别，具有自然语言、机器学习的能力。这个阶段无人驾驶车辆与家庭服务机器人、私人AI助理可以实时互联，通过云计算的方式掌握具体的行程需求和其他工作生活要求，实时进行互动和辅助。汽车是办公、生活场景的延续，也是一个移动的居所，通用级别的无人驾驶可以帮助人们完成各种生活辅助工作，如接送子女、收发快递、物流接送、自营网约车等。其只有基于各种专用人工智能发展的基础和行业之间的智能对接，进而形成智联网，才会有用武之地。通用级别的无人驾驶主要有以下三类应用场景：一是自动驾驶出租车；二是车辆与交通控制中心数据自动交互，实时保持最优路径；三是实施网约车服务。

### 6. 第六步：超级无人驾驶

超级无人驾驶对应技术经济进化论中的超级人工智能。变形金刚曾是很多"70后""80后"的美好回忆，当一辆汽车不仅是一种交通工具，而具备了牵引功能、类似机械臂的操作功能后，则可以实施大部分人类机械可以做的事情，且不知疲倦。这种超级无人驾驶需要强大的量子边缘计算功能、强大的微型核能动力、更精密的机械制造，按照现在科技的发展速度，在未来将成为可能。

## 四、工业互联网：工业转型升级的载体

随着数字通信时代的到来，互联网的应用领域逐步延伸至工业领域，工业经济搭载互联网，实现了新阶段的产业演化。可以说，当工业发展到数字经济中期，工业互联网应运而生，因为工厂与工厂之间、机器与机器之间、机器与工业控制系统之间存在着天然的互联需求，而且它们已经具备了互联网的基础条件。当前，工业互联网是我国面向智能制造的重点领域，从本质上来说，工业互联网的目的就是传送和分析工业大数据。

2016年8月，中国工业互联网产业联盟正式发布《工业互联网标准体系框架》，其将工业互联网定义为："工业互联网是互联网和新一代信息技术与工业系统全方位深度融合所形成的产业和应用生态，是工业智能化发展的关键综合信息基础设施。"工业互联网以网络为基础，通过网络连接技术，实现工业研发、设计、生产、销售、运营管理、服务等全过程的互联互通，以及工业环境下人、机、物等全要素的泛在互联，促进工业数据的充分流动与集成融合，推动工业资源的优化配置与高效沟通。工业互联网以数据为核心，通过工业全要素数据全周期的感知、采集和集成应用，形成基于数据的工业创新应用，实现机器弹性生产、运营管理优化、生产协同组织与商业模式创新，进而推动工业向智能化方向演进。工业互联网以安全为保障，实现了工业大规模的融合互通，需要健全的信息安全防护体系作为保障。为此，中国工业和信息化部等部门于2019年联合发布了《加强工业互联网安全工作的指导意见》，提出到2020年年底初步建立工业互联网安全保障体系的目标。

工业互联网的演进过程并非一帆风顺。以美国通用电气GE公司的工业互联网转型为例，其在2012年率先提出"工业互联网"战略之后，投入大量资金和人员进行平台研发，但其资源投入并没有在2017年以前及时获得预期的经济回报，单一企业主导的互联网平台很难实现跨行业间的泛在工业互联。之后，美国通用电气将平台转向基于企业自身业务的互联应用。当前，越来越多的企业选择上"云"，并打造基于自身核心价值链的数据流通和信息化应用。企业云化趋势逐渐深入，云服务商或相关服务机构提供的云平台服务种类越来越丰富，企业则根据自身特点和需求，选择与自身相匹配的云上服务。

工业互联网在工业数字化的基础上，对工业经济持续赋能：通过工业互联网平台实现工业物理现场与软件开发应用的传导中枢；通过网络各节点上的数字采集，实现工业生产全过程全要素的数据基础，进而通过网络平台实现对生产线、产品线、供应商、客户、设备、工厂、员工等数据信息的融合联通。由此，原来单一的工厂生产成功演化为工业全产业链、全价值链、全要素的融合贯通；工厂本身基于工业互联网平台技术实现了生产效率和管理效率的提高，基于工业互联网平台的融合信息指导，提供对工业产品的市场指导、生产指导、技术指导等信息导向，提升企业对工业产品的决策能力和生产效率。

工业互联网在升级至工业互联网平台后，对工业经济产生深远影响。首先，工业企业的信息化服务效率得到质的提高，企业管理能力迅速提升；其次，企业逐渐云化，企业基础信息管理模式产生重大变化；再次，企业之间的融通加强，实现了企业之间跨地域、跨产品、跨设备的互联互通，提升了工业生产效率，推动了工业整体生态系统的建立；最后，工业互联网在实现工业内部各要素资源共享的基础上，还可以进一步提炼有效融通信息，有利于推动工业与服务业等其他产业的信息交流，促进工业经济与其他经济的融合对接。

工业互联网是实现工业数字孪生的基础之一，是工业智能化演进的必由之路，是工业智能化的"血液循环系统"。2020年4月，国家发展和改革委员会正式将工业互联网纳入国家新型基础设施"信息基础设施"之"通信网络基础设施"的范围。

## 五、数字孪生新世界：VR 与应用场景

### 1.VR 的本质

数字经济时代，人类财富的增长逻辑是通过建设数字世界来推动物理世界进步，同时再由物理世界推动数字世界进步，形成良性的互动的关系。在这种良性互动中，涉及数字世界和物理世界之间的接口问题，即人机界面。传统的人机界面是智能手机界面、PC 桌面、各种有显示屏幕的仪器设备，这些都是二维的平面结构；后来人们发明了 3D 显示技术，通过佩戴专用的 3D 眼镜来显示立体的景象。这些方案都是人类在物理世界与数字世界的交互中通过鼠标、键盘、操作杆、触摸屏等实现的。如果能够通过感官"沉浸式体验"，则能突破这些限制，让数字世界中的资源为人们所用，数字世界资源的充分利用将进一步促进信息消费和生产力的进步。

### 2.VR 的商业洞察

虚拟现实技术（Virtual Reality，VR），又称"灵境技术"，是 20 世纪发展

起来的一项全新的实用技术。1965 年，伊凡·苏泽兰发表论文 *Ultimate Display*；1968 年，伊凡·沙日尔兰德研制成功了带跟踪器的头盔式立体显示器（HMD）；1972 年，诺兰·布内代尔开发出第一个交互式电子游戏 Pong。这些是虚拟现实技术的萌芽，目前业内知名产品有 HTC Vive、Sony PS VR、Facebook Oculus Rift、三星 Gear VR 等，国内也有暴风、小米和华为等大量 VR 产品。根据赛迪智库的数据分析，随着 5G 技术的商业化组网及 5G 在 VR 上的应用普及，VR 产业规模有望在 2023 年达到 4300 亿元人民币。

《头号玩家》是由史蒂文·斯皮尔伯格执导的科幻冒险片。电影中的男主人公通过很多连接装置、传感器、特制的服装来操控数字世界中的赛车，通过特制的服装来感觉来自数字世界的作用力。

现在，很多城市已经有了 VR 体验提供商，其以游戏厅、团体活动拓展基地为载体，采用按时间收费的模式。这种受装备限制的 VR 注定不会普及，因为对于家庭用户或者个人用户来说，除了技术发烧友，其他人不会在 VR 终端和内容消费方面投入太多，这是 VR 普及的最大障碍。至于缓冲时延、色彩逼真度等技术问题，会随着技术和芯片、算法的成熟逐一解决。因此，VR 产业的发展虽然充满想象力，但是其大众化普及注定是个缓慢的过程。尽管如此，VR 产业的应用是大势所趋，简化版的应用场景非常丰富。

3.VR 商机：云展览

2020 年受疫情影响，很多展览只能在"云端"进行，当前的"云展览"是传统的网站浏览模式，有关 VR 展厅内容制作、VR 处理器芯片对画面的渲染能力、通信网络的时延等产业链各个环节都还不成熟，缺少任何一个环节整个产业链都不完整。传统的展厅存在着较严重的装饰材料的浪费问题，往往一个展览需要提前几个月准备，而展览仅仅在 3～5 天内结束，接着所有的材料都会被拆除，大部分材料无法重新循环利用。中国每年各种大型博览会有上千场，在展览上的资源浪费达上万亿元，如果普及 VR 展览、公有云商务签约模式，一方面将大大提高商务效率，另一方面可以节省成本，展览的资源还可以免费向公众持续开放，参观的人次、人数将大大增长，从而有利于企业品牌推广。

博物馆类展览更是如此。全国有博物馆5000多家，博物馆是普及中华文化、普及科技知识的重要平台，但实际上很多博物馆大部分的服务人群是本地居民，如果将博物馆以数字化形式展现，将打破时空的限制，惠及更多的民众。以世界文化遗产敦煌莫高窟为例，在旅游旺季，莫高窟日均客流量达6000多人次，大量的游客进入洞窟中所呼出的二氧化碳正在加速壁画的腐蚀、剥落，而如果全部采用VR联网形式，来自世界各地的游客均可通过低额付费欣赏到精美高清的壁画，加上VR的直播讲解，加深现场感受。

4G时代，移动互联网加速了自媒体直播产业发展；而5G时代，VR直播将是大势所趋。平面媒体直播形式的感官体验不够直观，而VR直播将带给人们身临其境的感觉。VR直播是一个较大的商机，期待VR产业链早日成熟。

**4. VR云教育**

教育资源不均衡导致教育发展不均衡，解决这个问题需要突破现有思维框架，引入教育信息化机构搭建信息化平台，通过信息化平台、技术设施减小地区之间教育资源及水平的差异。除了地区之间的教育差异和教育不均衡问题，同一个城市内也存在资源不均问题，尤其在大中城市已成为普遍现象。

2017年1月，国务院《国家教育事业发展"十三五"规划》（以下简称《规划》）发布。《规划》明确了"要全力推动信息技术与教育教学深度融合。综合利用互联网、大数据、人工智能和虚拟现实技术探索未来教育教学模式"。其中，虚拟现实技术应用前景广阔。我国有20万所小学、9万多所中学、2800多所高等院校，合计约30万所学历教育学校，市场规模达千亿元，间接带动相关产业规模增加值达3000亿元左右。

当前，4G网速难以满足高清VR对时延的需求，VR的时延要小于20ms才不会产生眩晕感。另外，4G的用户体验速率平均为10mpbs，对于3D格式的文件来说，速率明显不够。5G以"高速率、低时延、大带宽、高可靠"而著称，ITU确定了5G八大关键能力指标：峰值速率达到20Gbps，用户体验速率达到100Mbps，时延小于1ms，连接密度每平方千米达到100万个终端，流量密度每平方米达到10Mbps等。以速率为例，在用户体验方面，5G将比4G提升10倍。

5G 将为 VR 发展奠定网络传输基础。

VR 云教育是应试教育向素质教育转型的现实需求。

第一，国内人才培养模式要有国际竞争力。

当前，我国高校毕业生的创新能力普遍落后于发达国家，与我国建设创新型国家对人才的需求不匹配。美国的专利系统是科技发明的主要推动力，专利系统和高科技产业密不可分，因为在高科技产业中，创新能力是决定成败的关键。我国人才的培养模式是以课堂黑板为主要组织形式的应试教育，转变为依靠信息技术传播精品课程及实践场景为主的教育模式可大大提高学生的知识接收水平和创新能力水平。

第二，应试教育走向素质教育的突破口为启发式教育。

自我国隋唐时期设立科举考试以来，应试教育在我国已经沿袭了将近两千年。反观欧洲国家和美国的教育模式，自文艺复兴以来，多为启发式教育、素质教育，中小学生多以体验生活、寻找知识、解决问题、启发思考为主，大学时代多以吸收知识、归纳整理、发明创造为主。启发式教育是人才培养的基础，能激发受教育者真正的学习兴趣和主动性、创造性。人类的知识就是在不断挑战难题的过程中积累下来的。开展启发式教育需要实验器材、模拟工具、场景化教学。我国学校班级的特点是大班化、人数多，在教育资源缺少的情况下，依靠虚拟现实的信息共享、复制模式可以突破启发式教育的成本难题、师资难题、场景难题，因此虚拟教育势在必行。

第三，优质教育过程资产的留存和重复使用。

虚拟现实课堂应以义务教育阶段的教育公平为出发点，可将全省乃至全国评选出的优秀课程放在全国统一的教育资源库供教学使用，再由课堂老师负责辅助辅导，而学生可以随时随地通过 VR 接入互联网开展重复学习，实现虚拟课堂模式的教育资源均衡。

第四，教育信息化辅助工具的升级。

传统教育面临的普遍问题是情景化教育不足，导致学生的知识迁移不足。目前，很多学校教室实行投影教学，二维视频教育作为辅助教学，但是依然不属于情景教育的范畴，教育行业都需要一套情景教育的方法、工具。将 VR 技术应用在诸如化学实验等课堂教学中,能帮助学生更好地理解所学的知识;还可带领学生游览埃及金字塔等世界各地的旅游景点,或者类似于外太空和火山内部这些现实中无法到达的地方,使学生眼界开阔,助力其发散思维、创造力提升。

### 5. VR 云现状与难点

(1) 国外应用现状

国外互联网公司自 2015 年开始在虚拟现实教育领域进行资本、技术和市场布局。远程在线学习慕课平台曾在 2016 年采用虚拟现实教育模式开展医学教学。2017 年,三星美国分公司和德国 GFK 联合发布了关于 VR 在教学应用上的调查报告。该报告调查访问了 1000 多名美国 K-12(基础教育阶段)老师。从调查结果来看,只有 2% 的老师在课堂上使用过虚拟现实技术,有 85% 的老师认可 VR+ 教育,认为虚拟现实技术在教学方面有着巨大的潜力,能够提高学生学习效果。从国外的应用来看,发达国家是小班化教学,户外教育场景化资源丰富,对 VR 的教育需求没有那么紧迫,但是整体技术领先于国内。

(2) 国内应用推广现状

2016 年,教育部批准了 100 个国家级虚拟仿真实验教学中心。2017 年 4 月,中国电子技术标准化研究院牵头制定的虚拟现实头戴式显示设备通用规范联盟标准在北京正式发布,这是我国第一个与 VR 相关的标准规范。2017 年下半年,国内已经有企业开发出了虚拟现实教育操作系统,可以兼容各种虚拟现实视频文档,重点面向基础教育。2017 年 6 月,国内成立了虚拟现实教育联盟,以联盟的形式联合上下游院校、VR 厂家、课程开发机构整体推进 VR 教育。有专家认为,5G 更重要的应用是产业应用。5G 技术实现后,面向消费者的应用将增加三个场景:第一个应用场景是车联网和高速铁路,第二个应用场景是 VR、AR,第三个应用场景是物联网。可以看出,当前面向 5G 的场景开发中,VR 被认为是 5G 时代的先导产业。

(3) 应用难点

第一,VR 教育是面向素质教育的利器,需要整个教育行业的工作者转变思想观念,而观念的转变是一个渐进的过程。成熟的教育产业是一个完整的生态链，虚拟现实教育模式打破了原有的产业链平衡状态，在初期需要一系列变化和调整。例如，如果全行业都普及了 VR 教学，教师的工作方式会有相应变化，需要推动教师的工作转型到课堂的环节设计、VR 场景的设计、在 VR 编辑器上开发课程，推动教师教案向启发式教育的升级换代。信息技术的进步推动生产力的提高是必然的，生产力的提高必然推动劳动力的解放，使劳动者投入技术含量更高的工作和学习中。

第二，VR 需要兼容的平台、友好的体验、丰富的内容、合适的产品定价，但当前产业链还不够完善，VR 厂家参差不齐。目前，VR 产品主要采用基于手机端的显示方式，用户体验一般，VR 配套的体验装备开发较少。头罩整体式开发是未来 VR 的趋势，网络传输、渲染处理、VR 芯片、近眼显示技术、感知交互、操作系统、软件应用、云端资源都是 VR 的核心技术，当前我国在这些领域还存在不足。

**6. 虚拟现实教育的发展展望**

（1）第一阶段：标准化阶段

虚拟现实技术的应用软件有 C#，Maya，Unity3D，3Dmax，Rhinoceros 等，需要有统一的操作系统，且具备多应用的兼容性；需要对虚拟现实教育场景进行标准化开发，对显示技术、课件开发、编辑器接口、文档格式、资源云化等一系列内容进行规定，以统一的标准推进，厂家自由竞争，最后很可能形成以 2 种左右平台操作系统为主的生态竞争格局。国家制定标准可减少探索期的资源浪费，而最终整合资源的必然是这个行业的寡头企业，这是信息经济时代的市场规律。

（2）第二阶段：试点应用阶段

选取一些选修课程，在西部地区学校进行试点。选取一些精品课程在西部教育资源落后的地方进行试点，与没有采用 VR 教育的学校和班级进行对比。国家应该鼓励学校推广虚拟现实教育，支持 VR 企业开办分支机构，将优秀的教育资源以 VR 资源的形式普及到中西部地区，推动当地基础教育的进步。

（3）第三阶段：普及推广阶段

在取得时效的前提下，知识学习、场景体验、模拟实验及考试都可以通过虚拟现实进行标准化推广，这些需要国家的教育大纲与之匹配，规定各个年龄段、教育层次的学生应该具备的思考能力、学习能力、知识获取能力、知识综合运用能力。

总之，虚拟教育技术的量变引起教育形式的质变。习近平总书记在党的十九大报告中指出，要加快建设创新型国家。而创新活动的主体是人才，科技创新人才匮乏掣肘着各行各业的基础创新、尖端科技创新。虚拟现实技术与产业将促进我国由应试教育转向素质教育，真正向创新型国家转型。

# 第六章

## 解码数字经济时代的城市管理

智慧城市是数字经济时代城市管理最大的课题。自 2009 年智慧城市在我国实施以来，国内智慧城市建设如火如荼地开展。智慧城市的发展将走向何方？本章将从理论创新到实践创新，梳理我国技术创新的可控之路。

## 一、数字经济时代智慧城市发展的七大趋势

智慧城市是人们对美好生活的向往期待。城市发展得好，经济发展才更有动力。未来 10 年，我国将实现从工业大国到工业强国的转变。智慧城市未来发展趋势主要体现在以下几个方面。

### 1. 智慧城市的内涵将从信息通信跨界融合多个领域

从 2008 年开始，中国智慧城市的发展探索经历了数字城市发展阶段、智慧城市发展阶段、新型智慧城市发展阶段三个阶段。智慧城市的服务对象、服务内容非常宽泛，核心主线是"利用信息通信技术"提升城市质量。国际电信联盟电信标准化部门（ITU）将智慧可持续发展城市（Smart Sustainable City）定义为"使用信息通信技术和其他手段来改善生活质量、提高城市运营和服务效率及城市竞争力，同时确保满足当代和后代的经济、社会、环境和文化方面需求的一种创新型城市"。国际标准化组织（ISO）将智慧城市定义为"在已建环境中对物理系统、数字系统和人类系统进行有效整合，从而为市民提供一个可持续的、繁荣的、包容性的未来"。全国信息安全标准化技术委员会编制的《智慧城市术语》将其定义为"运用信息通信技术，有效整合各类城市管理系统，实现城市各系统间信息资源共享和业务协同，推动城市管理和服务智慧化，提升城市运行管理和公共服务水平，提高城市居民幸福感和满意度，实现可持续发展的一种创新型城市"。

可以看出，无论是国际组织还是国内组织，其对智慧城市的理解都源于智慧城市本身的职责范围和研究方向。2016年，我国提出"新型智慧城市"概念，强调以数据为驱动，以人为本，统筹集约，注重实效；信息共享方式从运动式向依职能共享转变；推进方式逐步形成政府指导、市场主导的格局。未来10年，智慧城市的内涵将从以信息通信技术为主拓展到政治、法律、管理制度、流程规范等方面，并从这些方面得到支撑和保障。

**2. 智慧城市的顶层设计回归城市巨系统理念**

目前，对于智慧城市巨系统，能够真正提供所有解决方案的咨询服务商、软件厂家、系统集成商几乎没有，因为其涉及的目标维度多、要素多、内部关系复杂，因此在实际开展智慧城市顶层设计、建设实施时往往采取降维思路。降维的根本前提是要找到社会发展的主脉络，即总体趋势是从工业经济、数字经济到智能经济，其中数字经济对工业经济起到了反作用力，包括工业数字化、工业互联网、数字孪生工厂。当前，整个社会都在努力打造数字经济，包括数字化、互联网和物联网、数字孪生三大阶段。智能经济对数字经济也起到了反作用，包括通过智能装备自我数字化、AI扫描形成数字孪生。未来，智慧城市将更多回归城市巨系统，探讨在人类发展的技术经济主线上找到城市的发展位置，基于禀赋发展。虽然是巨系统，但是只要抓住主要矛盾，满足三大目标，服务三大群体，做好长期演进，就能做好智慧城市顶层设计和实施。

**3. 城市基础设施发展为物网融合型的信息基础设施**

国际数据公司预测，2023年全球智慧城市技术相关投资将达到1894.6亿美元，中国市场规模将达到389.2亿美元。智慧城市相关底层技术包括物联网数据采集终端及网络、数据互联互通、数据挖掘与大屏呈现、智慧城市展示中心、城市通信基础设施（5G、Wi-Fi、NB-IoT）、一卡通等。这些ICT范畴的技术依然是智慧城市投资的主战场。与智慧城市基础设施相关的物联网、环境传感器、全光网络、5G全覆盖、人脸识别与物体识别摄像头、智能抄表、车联网等将是智慧城市的重点投资领域。城市要高质量发展，要满足城市建设需求，需要新的基础设施建设来提高城市的容量和服务水平，智慧城市基础设施将不仅是道路、高架桥、水电等，而且承载了城市管理的信息基础设施，这些信息基础设施将与物理基础设施逐步实现物网融合。

4. 数字孪生城市是未来智慧城市的主要内容

工业经济时代经历了机械化、电气化、模拟电路三次工业革命，第四次工业革命是工业制造设备的数字化，属于数字经济范畴，是数字经济反作用于工业、实现再工业化的结果；第五次工业革命是工业互联网与工业物联网；第六次工业革命是数字孪生制造。数字孪生早期应用于高精密的制造业领域。目前，只有个别工业领域完成了第六次工业革命，包括飞机制造、发动机制造、芯片制造等高精尖领域。BIM 是数字孪生城市的萌芽，从 BIM 到 CIM 到数字孪生，最后实现了城市的物理世界和数字世界孪生化。物理世界包括城市有形的物体，数字世界包括城市的三层空间内的虚拟化、数字化。中华人民共和国自然资源部办公厅于 2019 年 1 月印发了《智慧城市时空大数据平台建设技术大纲（2019 版）》的通知，提出"时空大数据平台是智慧城市建设与运行的基础支撑……做好与其他智慧城市建设项目的衔接"。城市运营流程的数字孪生化，主要是智慧政务、数字政务等内容。数字孪生可以大大提高城市的规划、设计、运营和维护质量；城市的管理运营流程孪生化，让数字多跑路、让群众少跑腿。数字孪生其实就是在创造数字经济的总价值，数字孪生的根本目的不是城市形象展示或城市规划，而是产生新的应用、新的社会价值、新的生产力。

5. 数据产权立法将加快智慧城市进程

工业时代，依靠物权法、民法通则可以确定产权。数字经济时代，数据变成"物"，变成可以变现的资源。我国目前的法律除了个人信息保护法、著作权法，还没有与数字经时代相匹配的法律，导致产权不明晰。产权不明晰就无法确权，无法确权就无法交易，无法交易就无法正常流通。因此，促进数据产权立法已是智慧城市建设的重点内容，如哪些数据是公共数据，哪些是企业产权数据？哪些是个人数据？交易流程是什么？以医疗领域为例，一个城市有多家大型医院和社区医院，病人在多个医院就诊的数据和影像无法互通就会导致重复检查和误诊。病人的数据（包括病历、主诉、药方、检查单、化验单、医疗影像）属于医院还是属于病人,应该确权,如果确认为病人所有,那么病人拿着医保卡就应该能到任何一家医院调出数据。大数据的本质不仅是数据挖掘,更根本的是数据流动、安全可信,以及服务于城市管理、服务于民生、服务于产业的发展,唯此才能发挥数据的最大价值。

### 6. 城市大脑[1]:从1.0时代走向3.0时代

交通领域是科技的先锋,从农业时代的马车到工业时代的汽车、飞机,再到数字经济时代的智能红绿灯、高速铁路、无人驾驶、车联网、V2X,无不体现着科技的进步。近年来,智慧城市多体现为城市交通路网的管理、拥堵的提醒、红绿灯的智能潮汐设置、交通应急指挥,城市大脑的设计、实施内容也多体现为交通大脑,因为交通行业是信息化水平高要求的领域,暂且称其为城市大脑的1.0时代。未来随着智慧城市的深入发展,将有更多的垂直领域被开发为城市大脑,如医疗行业的健康大脑可以通过城市医院、疾控系统、社保中心、药店进行数据互通,可以及时分析、判断城市中市民的健康状况,提出城市健康发展政策和重大传染疾病应急方案;城市生态大脑可以通过城市环境传感器终端、卫星数据、气象数据、环境监测数据进行综合判断,分析城市的生态质量,如通过复杂科学管理手段分析环境生态数据,预判雨季城市内涝点和灾情防备;城市舆情大脑可以实时分析城市发生公共事件的群体反应,及时采取应急措施。以上这些都是针对不同领域的城市大脑的2.0时代。然而,2.0时代各大脑之间缺乏互通,当城市各领域的垂直数据互联互通时,城市大脑进入3.0时代,但这时它还不具备人工智能的主动思考能力,只有到了4.0时代,预计在2030年后,随着各种城市人工智能基础设施(无人驾驶、AI医疗、AI车间)的推广使用,"它"才会变成"她"。1.0~3.0时代都是为4.0时代打基础,是必经阶段。

### 7.5G推动智慧城市走向纵深领域

5G重点应用在以往4G不能突破的智慧应用上,低时延促进车联网、无人驾驶、交通安全和交通效率的提升,未来的智慧城市能够实现车与车、车与路之

---

[1] 城市大脑、健康大脑、生态大脑,指在数字经济时代基于信息系统的行业指挥中心、计算中心。

间的实时动态交互,传递彼此的坐标位置、行驶速度、路径,有效避免交通拥堵。随着数字世界容量的提升,数字世界与物理世界之间的连通效率至关重要,而 5G 广覆盖、高速率的特点能够提高这一效率。数字经济时代是数据作为生产力第一要素的时代,5G 扩大了数据流动的广度、深度,是数字经济的基础设施和助推器。从 1980 年计算机商用到 2020 年物联网、数字孪生普及,数字经济与物理世界同时创造了对等的价值,而 2030 年后将是 6G 时代,也就是人工智能在各行各业得以普及的时代,届时数字经济高度发达,并将由数字经济向智能经济过渡,促进四个价值环境下的世界——人类数字世界、AI 数字世界、人类物理世界、AI 物理世界的指数式发展。

## 二、智慧城市基本思路:需求层次理论

### 1. 城市建设的需求层次

对于人的需求层次,亚伯拉罕·马斯洛于 1943 年提出"马斯洛需求层次理论",其基本内容是将人的需求从低到高依次分为生理需求、安全需求、社交需求、尊重需求和自我实现需求五个层次。城市是人类生存的空间,其首先解决的是市民的生存问题,如食品安全、饮用水安全、空气清洁等。市民人身安全、市民财产安全、公共设施安全属于第一层需求;城市的清洁卫生、社会治安、生活便捷、城市噪声污染、雾霾治理等生理诉求属于第二层需求;社会交往需求,各类社区交往活动、公共文体活动、论坛与展会等社交需求属于第三层需求;被尊重的需求指城市建设的各方参与者,都能平等获得信息,充分表达利益诉求和民意,以及社会公平正义、机会均等需求;自我实现的需求即实现自我价值,这是第五层需求。

### 2. 智慧城市建设的需求层次

2008 年,IBM 提出了"智慧地球"理念,意在通过"互联网+物联网"为各行各业提供便捷的解决方案。智慧城市建设需求层次属于城市建设的需求层次的子集,因此也应该分为五大层次,如图 6-1 所示。

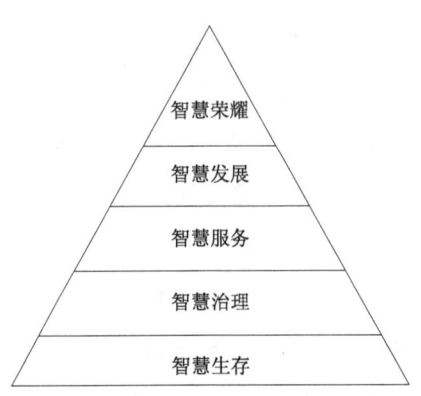

图 6-1　智慧城市需求层次

从基本的层面来说，城市的发展起源于农业经济时代的商业活动，兴盛于工业化时期。在数字经济时代，城市管理遵循数字技术发展路线：数字化、互联网、数字孪生、人工智能这些发展阶段，城市运转需要与之匹配的硬件系统、软件系统。我们在建设这些内容时，应该以城市的生存为基础、为最大公约数，包括人口的生存、城市这个硬件的存亡、软件系统的安全。只有以此为最大公约数，制定最基本的安全保障措施，才能在此基础上推进城市的治理、公共服务，人与组织才可以获得均等的机会，充分发挥发展潜力，最后实现人、企业、城市管理者、城市交通四者之间充分的智能、充分的协同。因此，我们建立智慧城市的顶层设计模型，应摆脱过去软件系统和三层云计算模式的简单思维，更多关注发展轴中的智慧城市建设需求层次，以智慧生存为最大公约数循序渐进开展，不贪大求全、不急功近利、扎扎实实、分步骤实施，如图 6-2 所示。

（1）智慧城市建设第一阶段任务：智慧生存

生存是城市发展的前提，如果一个城市在各种灾害中难以幸存，"发展"这个命题则不存在，"智慧"更无从谈起。城市中的潜在威胁很多，如地震、大规模传染病、城市级火灾、大规模食品安全问题、空气化学污染等，都需要结合城市所处地理环境、面临的风险等级去解决。例如，如果城市处在地震带上，应建设一套震前预报、震后救援的地震智慧应急系统，不仅在软件方面建立建筑抗震、紧急推送消息、避难指引等智慧地震应急系统，而且需确保地震后通信系统不会马上中断，能应用于救援通信。大规模传染病是每个城市面临的共同威胁，

# 第六章 解码数字经济时代的城市管理

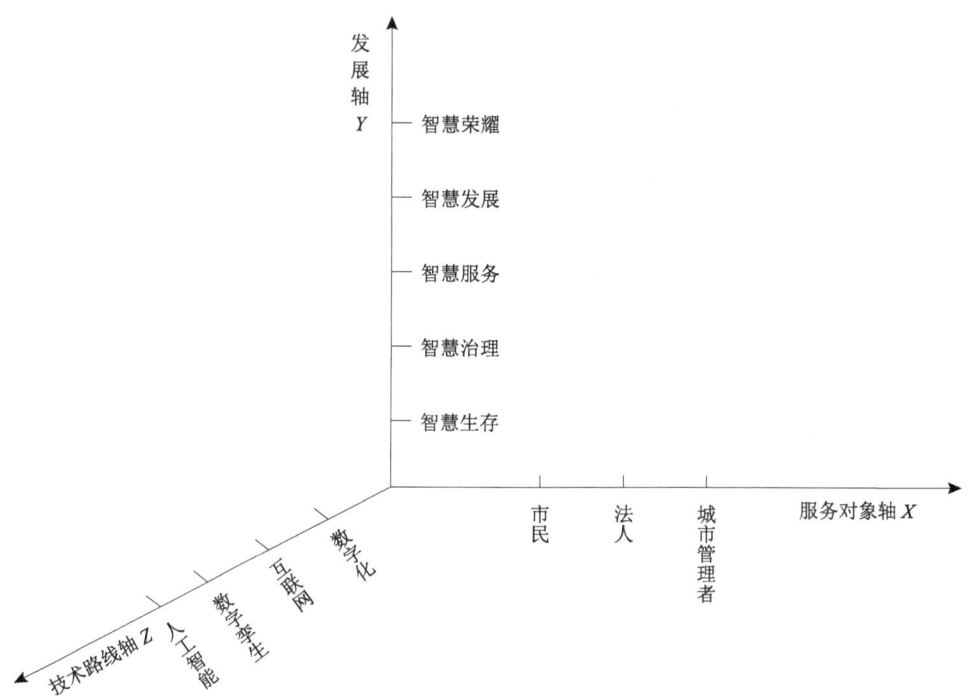

图 6-2 智慧城市顶层设计三维模型

涉及初始发现、社区网格化管理、交通管制、公安视频监控、户籍管理、医疗救援、防护设施的供应、隔离管理、舆情管理等多个单元。这需要高度协同的疫情智慧应急系统，针对新型传染病传染性比较强的特点，利用疫情智慧应急系统快速定位传染源，隔离初始感染者和潜在接触者。另外，市民需要干净的饮用水，如果饮用水被大规模污染，城市该如何应对？这都是城市的生存需要从系统化角度考虑的。同时，不同系统之间的数据应共享，包括人口数据、法人数据、城市基础设施数据、地区时间的数据等。

在第一阶段，可形成智慧城市最基础的应用系统，即城市生存保障系统，包括城市应对各种灾害的各子系统，如疫情控制系统、地震预报与处置系统、大规模水体污染预警与处置系统、高浓度空气污染预警与处置系统等。此阶段是从数字化、互联网、数字孪生到人工智能的不断升级。

（2）智慧城市建设第二阶段任务：智慧治理

城市只有生存下来才能谈治理。城市的绿化、市容市貌、交通、公共安全、购物环境等公共设施等都需要城市管理者进行治理，给市民的吃、穿、住、用、行提供硬件的便利，这属于城市规划和市政建设范畴。智慧治理是在第一阶段城市生存的基础上，通过数字化不断优化城市三大环境（城市上空、城市地面、城市地下三层空间环境）。智慧治理分为数字化、互联网化、物联网化三大阶段。在数字化阶段，传统的人工标签、模拟设备模式被数字化设备取代，只有统一了数字制式，才能互联互通；在互联网化阶段，智慧治理通过协同各部门之间的数字化信息做好相关决策；在物联网化阶段，物联网实现物理环境和城市管理活动在网上同步开展。

（3）智慧城市建设第三阶段任务：智慧服务

智慧服务是在智慧治理的基础上为企业提供营商的全流程服务，优化企业营商环境，为企业搭建财税、工商、安全、品牌打造、知识产权保护、人力资源引进各类便捷平台；为市民办理政务提供高效、便捷的服务，无论市民"漫游"在世界的哪个角落，这种智慧服务使市民具有城市归属感和认同感；为城市管理者提供高效、协同的一体化平台，使城市管理者有更多精力谋划更先进的城市管理措施，提高服务水平。

（4）慧城市建设第四阶段任务：智慧发展

只有城市中的企业融入当地产业，才能在政府引导下创新发展，才会有持续的发展动力。从企业层面来说，智慧发展需要产业集群、工业互联网、产业互联网的支持，筑巢引凤，吸引更多的世界500强企业、民营100强企业入驻。智慧服务会衍生出更多的社会需求，进一步拉动智慧发展。从政府层面来说，应该鼓励社会企业多参与，营造公平的竞争环境；在教育、就业等方面提供社会供给，吸引人才，助力智慧发展。

（5）智慧城市建设第五阶段任务：智慧荣耀

当人、企业、城市实现了充分自由的发展，每个人、每个企业的发展与城市的发展完美融合，人、企业也就实现了自我价值。城市在发展过程中带动了周边城镇、周边经济的发展，这种被模仿、被强吸引的能力就是城市的荣耀。在这个阶段，城市彻底实现了数字孪生城市、人工智能城市的功能。当前，"城市大脑"严格意义上不是人工智能，仍然属于城市发展的第二阶段，即属于治理城市交通拥堵的智慧交通系统。在城市的智慧荣耀发展阶段，交通完全基于 AI 的无人驾驶及智能网联汽车，不再需要红绿灯管控。

**3. 智慧城市建设等级理论**

智慧城市的建设正在不断试错中前进。本书把智慧城市的建设分为 5 个级别，具体见表 6-1。

一星级智慧城市。城市在应对自然灾害、大规模传染病等场景下，能够有较大的敏捷性，使生活在城市中的人们损失最小化。

二星级智慧城市。城市在交通、大气、水体、社区治安、生活物资供应方面达到良好标准，实现了治理的数字化、互联网化、平台化，通过各类垂直行业的管理，实现了现代工业化。

三星级智慧城市。城市为市民服务、为企业服务，达到政通人和；城市有独特的文化个性和服务体系，市民的归属感增强；城市有一系列的服务平台，能有效利用移动互联网和物联网实现城市有效治理。

四星级的智慧城市。城市中人尽其才、物尽其用，互联互通，城市走在高质量、相对中高速增长的快车道上，数字经济高度发达。

五星级智慧城市。城市实现了人工智能（AI），工业时代的工作量基本被 AI 取代，数字经济时代的工作量有 50% 被 AI 取代。城市中物质资源丰富，人们摆脱了经济瓶颈与物质限制，实现了自由自主生活。

表 6-1　智慧城市建设星级评价

| 建设等级 | 级别 | 智慧城市关键系统工程 |
| --- | --- | --- |
| 一星级智慧城市 | 生存级 | 自然灾害应急处置系统、疫情应急防控系统等 |
| 二星级智慧城市 | 治理级 | 智慧环保系统、智慧医疗系统、智慧交通系统等 |
| 三星级智慧城市 | 服务级 | 智慧政务系统、智慧保险系统、智慧工商系统等 |
| 四星级智慧城市 | 发展级 | 智慧教育系统、工业互联网、产业互联网、数字孪生城市等 |
| 五星级智慧城市 | 荣耀级 | AI 融入各产业 |

### 三、智慧城市基本模型：复杂巨系统

智慧城市是一个复杂巨系统，它具有复杂系统的共同特征：复杂性、随机性、结构性、自组织性。在建设智慧城市的过程中，需要对其进行降维分析，找出关键的维度和各维度分类，在智慧城市复杂、无序、熵增、非线性中找到"复杂吸引子"，并找到以数字孪生实施的显性化载体，从时间维度、空间维度、服务对象维度关注智慧城市的长期演进方向。

建设好智慧城市是发展数字经济的基础与重要任务，面对新基建大潮，在智慧城市建设中，传统的线性思维、平面的信息化思维要向复杂巨系统思维转变才能升级智慧城市的顶层设计版本。

#### 1. 传统智慧城市理论困境

《国家新型城镇化规划（2014—2020年）》指明了中国城镇化的目标：常住人口城镇化率达到60%左右。随着城市基础设施建设投资的逐年增加，城市的"熵"也在不断增加：环境污染问题、医疗与养老问题、交通问题、信息数据管理问题、财政赤字问题、产业转型升级问题等需要解决。对于"智慧城市"这个概念，有观点认为发展智慧城市就是把信息化工作做好；有观点认为需做好大数据治理；还有观点认为智慧城市就是物联网技术的应用；等等。这些观点总体来说涵盖的服务对象没有变化，即城市管理者、城市企事业单位、城市居民；其指向的发展目标没有变化，即城市的可持续发展。社会发展是一个非常复杂的系统，城市的组成要素同样非常复杂，不可能从一个维度完全覆盖。因此，要发展好智慧城市，就要摆脱传统智慧城市理论中的"一城一策"过度简化困境、"重信息化轻管理"的实施方向困境、"顶层设计难落地"的实施内容困境，做好智慧城市的顶层规划，从系统的角度考虑，从宏观到微观、从平面到立体、从静态到动态把握和推动智慧城市的发展。

#### 2. 智慧城市的复杂科学管理系统特征

复杂系统理论是一门不断发展的科学，其尝试以系统的角度理解世界、探索世界、改变世界、推动发展，相继发展出了系统论、信息论、控制论、耗散结

构理论、协同学、超循环理论、复杂科学管理等，其中又有多种分析模型，如多智能体、元胞自动机、蚁群计算、神经网络、无尺度网络等。城市管理属于公共管理范畴，基于复杂系统演进的复杂科学管理系统是认识和管理组织、群体的一种理论体系和实用工具。

智慧城市的复杂科学管理系统特征有以下四个方面。

（1）复杂性

社会层面上的复杂系统是具有思维能力的人介入其中的复杂系统。智慧城市的介入者主要是城市管理者、城市企事业单位、城市居民，各方的利益诉求不尽相同。一个大型城市涉及几百种产业、行业且互相影响；价值多元化，安全价值、文化价值、财政收入价值、生态价值、产业价值、土地价值、地区带动价值等多种价值复杂交叉；法律、风俗习惯、地方条例、规范等各种约束性框架互相影响。可以说，城市的复杂系统不是孤立的，它与自然环境、相邻地区不断交换着能量和资源，复杂性是智慧城市巨系统面临的挑战。复杂性决定了智慧城市需要有先降维再升维的思路解决智慧城市的建设问题。

（2）随机性

城市系统中的所有个体，包括管理者、企事业单位、民间团体组织、家庭、自然人的行为均具有随机性、不确定性和非线性。个体之间相互影响、不断进化；系统本身及其组成部分受环境影响，随环境的变化而变化，反之亦然。在数字经济时代，信息传播速度非常快，无论是99.999%，还是99.9999%，总有差错概率，这是随机性的表现。由于随机性发生的范围、时间、地点不可知，所以智慧城市要解决的是如何将这种随机性的影响降低到最小。城市管理得越有序，这种随机事件发生的概率、等级就会越小。城市内要素发展的随机性决定了城市要具备容错机制。

（3）结构性

复杂系统具有多层次结构，城市亦如此，如经济结构、产业结构、空间结构、地区规划结构、发展次序结构、管理结构、城市大数据分布结构等，每一种结构从内部看都有一定的线性关系，但是放在复杂系统内又变成非线性关系。每个结构层次的经济利益通常并不一致，需要协调。城市中有主导产业和支撑产业之分;城市中各企业发展存在差异,居民存在贫富差距;城市中有繁华地带,也有落后郊区,有现代化的开发区,也有破旧待升级的老城区。城市结构特点决定了城市管理需要高度协同。

(4)自组织性

自组织性是指系统中许多独立的个体在没有任何人为的策划、组织、控制下进行的相互作用、相互影响、自然演化的自适应过程。自适应性是指复杂系统面对变化的环境所进行的自我调整,包括制定的法律、法规、规章制度、团标标准等。自组织性决定了智慧城市的建设需要采用众包、公共资源采购等多种社会化建设与参与模式,通过市场化规则让智慧城市建设更有生命力和可持续性。

**3. 智慧城市的复杂科学管理系统结构**

(1)多维价值关系

前文提到,智慧城市具有复杂系统特点,因此需要降维,找出关键的维度和各维度分类。总体来说,城市首先要以人为本,满足三类人群的需求,包括城市管理者、企业法人、自然人;在时间序列上满足工业经济时代、数字经济时代、智能经济时代的可持续发展;空间要素上满足地下空间、地面空间、城市上空的发展诉求;数据要素上满足采集层、平台层、数据层、应用层四层结构。这些结构集中体现为生活价值、生产价值、文化价值、财政价值、产业价值、辐射价值。智慧城市系统的多维价值关系见表6-2。

表6-2 智慧城市系统的多维价值关系

| 维度 | 分类 | 生活价值 | 生产价值 | 文化价值 | 财政价值 | 产业价值 | 辐射价值 |
| --- | --- | --- | --- | --- | --- | --- | --- |
| 利益人群 | 城市管理者 | ***** | *** | ***** | ****** | ****** | ****** |
| | 法人 | **** | ****** | *** | *** | ****** | *** |
| | 自然人 | ****** | *** | ***** | ** | *** | ** |
| 时间序列 | 工业经济 | *** | ****** | ** | ***** | ***** | ***** |
| | 数字经济 | ***** | ***** | *** | ***** | ***** | ***** |
| | 智能经济 | ****** | ***** | ***** | ***** | ***** | ***** |
| 空间要素 | 上层空间 | ***** | **** | *** | ***** | **** | ***** |
| | 地面空间 | ***** | ***** | *** | ***** | ***** | ***** |
| | 地下空间 | ***** | **** | *** | ***** | **** | ***** |

续表

| 维度 | 分类 | 生活价值 | 生产价值 | 文化价值 | 财政价值 | 产业价值 | 辐射价值 |
|---|---|---|---|---|---|---|---|
| 数据要素 | 应用层 | ***** | ***** | *** | ***** | ***** | **** |
| | 数据层 | ** | ***** | *** | ***** | ***** | **** |
| | 平台层 | ** | ***** | *** | ***** | ***** | **** |
| | 采集层 | *** | ***** | *** | ***** | ***** | **** |

注：星号 * 代表相关价值的重要程度：* 代表价值微弱，** 代表价值较小，*** 代表价值中等，**** 代表价值较高，***** 代表价值很高。

（2）复杂"吸引子"

"吸引子"是微积分和系统科学论中的一个概念。一个系统有朝某个稳定状态发展的趋势，这个稳定状态就叫作"吸引子"。吸引子分为平庸吸引子和奇异吸引子。对城市来说，其具有复杂性、无序性、熵增性、非线性。而一个世界 500 强的企业、一个国家级开发区、一个核心商圈就像混沌系统中的奇异吸引子。新型智慧城市主要是以人为本的价值回归，城市管理者关注的是财税收入与决策执行；企业法人关注的是营商环境和产业集聚；自然人关注的是城市服务和生活品质；由此形成了一定的吸引子和决定要素，分别组成智慧城市系统的重要部分，即城市管理系统、产业系统、生活系统，它们之间互相协同，形成整体的智慧城市巨系统。当前，"城市大脑"、智能城市建设的是城市管理系统，对于产业系统很少涉及，但是从复杂科学吸引子的角度来说，大型企业集团、产业集群更能带动城市的发展，因为它们能带动地方财政、居民就业、交通等一系列方面的增长。

4. 智慧城市巨系统框架与机制

智慧城市系统的复杂性在于技术经济演进、城市价值、主体系统、产业系统、环境系统、政策承接与地区协同相互作用的复杂性，通过降维的思路可以总结为时间维度、价值维度和空间维度。时间维度即城市演进的方向是从工业化城市、数字孪生城市到人工智能城市；价值维度在于满足三大主体的需求；空间维度就是城市三层空间的管理，从而形成三大子系统，它们与复杂多变的环境系统建立约束与适应关系，在系统管控下各子系统实现各自目标，最终实现城市的可持续发展，具体如图 6-3 所示。

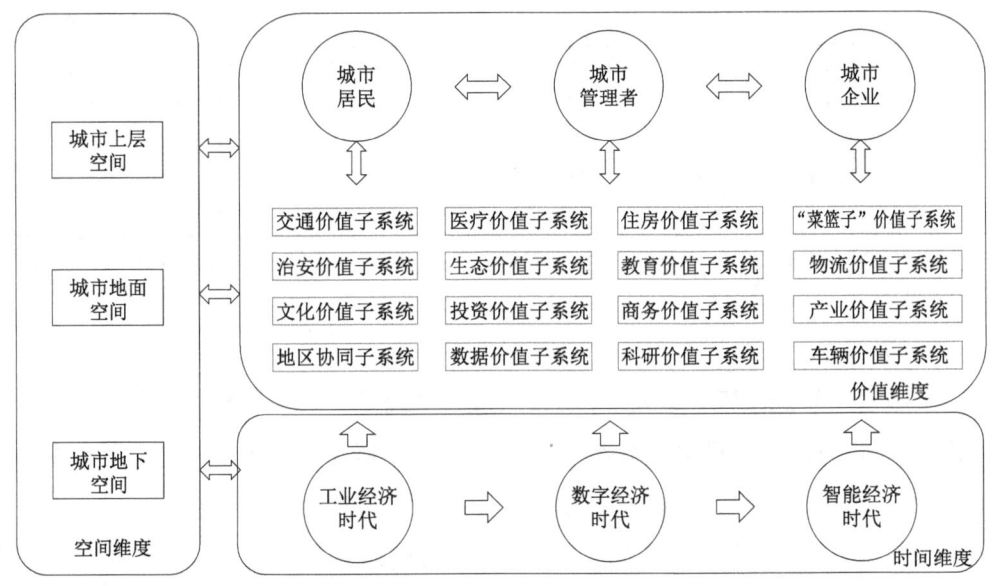

图 6-3 智慧城市复杂巨系统图

围绕智慧城市复杂巨系统需要构建相应的实施机制，虽说是"一城一策"，但是智慧城市的总体发展方向和需求内核是类似的，基于本质认知的长远设想是城市发展的思想源泉。如果将城市比作一个大型企业，企业的管理要经历计划、组织、指挥、协调、控制等管理环节。计划层面由智慧城市发展愿景、顶层设计、年度任务组成；组织层面由城市管理者组建的智慧城市建设指挥中心形成"一把手"工程，明确主体责任；指挥层面由地方条例、指导意见、年度考核办法组成；协调依靠的是以建设项目需求为触发点的各个部门之间的政令互通、流程协同、数据共享；控制包括规划评估、智慧城市审计、项目后期评估。总之，智慧城市复杂巨系统是一个循序渐进发展的过程。

## 四、智慧城市顶层设计：面向数字孪生

智慧城市是数字基建的重点领域，智慧城市顶层设计是智慧城市推进的前提。目前为止，全国 661 个城市中已经有 2/3 以上的城市开展了智慧城市顶层设计和重点项目的推进，其中包括 100% 的副省级以上城市及 76% 以上的地级城市和 32% 的县级市。然而，我国智慧城市的建设大多停留在政务信息化阶段，

作用没有得到充分发挥。我们需要思考：智慧城市的需求点在哪里？智慧城市的落地基础是什么？智慧城市的顶层设计需要什么样的重构？有学者认为，数字孪生城市与现有智慧城市实践在认知上，包括底层逻辑、技术方案、城市治理理念等方面有着本质区别，智慧城市实践是零碎、片段化、局部的实施，没有形成生态系统，而从城市的机械还原论到复杂系统论是数字孪生城市超越以往智慧城市方案的根本区别。❶

## （一）智慧城市顶层设计和实施中的问题

### 1. 对城市的本质认识不足

城市是人类在农业经济中后期的必然产物，以市场交易为主，逐步具备生活、政治、商业、金融、体育、交通、医疗、安全、文化各个层面的功能，其核心是以"人"为中心。然而，智慧城市顶层设计过多强调城市功能需求，忽视人的诉求。人的诉求即人的需求，从低到高依次为城市安全需求、城市治理需求、城市服务需求、城市发展需求、城市智能需求。未来，全球将有90%以上的人口生活在城市，如果不能全面认识城市这个复杂巨系统，不能抽丝剥茧般找出核心要素，则难以推动城市的健康发展。

### 2. 对建设智慧城市落脚点认识不足

智慧地球的本质是通过物联网提高城市的运转效率，属于系统集成范畴，但是近10年智慧城市基本上是在进行信息化建设，包括数字政务、行业管理信息化，物联网成分很少。更重要的是，由于对城市的本质认识不足，导致对智慧城市的落脚点也认识不足。从城市规划、民生政务到产业服务，智慧城市建设无所不包，但没有找到主线，包括时间轴演进主线、技术轴主线、物理载体主线，各种城市要素大而全一哄而上，最终会导致智慧城市建设名不副实。

### 3. 对智慧城市的呈现载体认识不足

当前，绝大部分智慧城市建设实际开展的是数字政务工作，边进行行业信

---

❶ 周瑜，刘春成. 雄安新区建设数字孪生城市的逻辑与创新 [J]. 城市发展研究，2018，25（10）：60-67.

息化，边进行横向整合及业务协同；一些新城新区则汲取经验，先集约打造云计算中心、运营中心、大数据平台等基础设施和共性能力，再开发建设行业应用系统。智慧城市的呈现载体到底是一个指挥中心？还是一套或多套行业管理信息系统？还是一个数字化中台？可能不同的城市、不同的学者均有不同的观点，智慧城市也较多地体现了一城一策，个性有余而共性不足。本书认为，智慧城市的本质是将城市的静态和动态物理环境、流程管理活动映射到数字环境中，通过BIM（建筑信息模型）、CIM（城市信息模型）实施数字孪生的城市，通过一整套"城市操作系统"来完成整个城市运转的数字化。

**4. 智慧城市的推进与地方立法工作未同步**

智慧城市的建设需要打破各自为政的格局，而要协调各方利益，则需要法制保障。对于城市管理来说，最重要的是城市安全领域，如公共安全、交通安全的措施得到了很好的贯彻；但是在其他领域，智慧城市项目中的数据协同工作始终很难推进。例如，对于城市中每个人的活动轨迹，包括医疗、酒店入住、长途交通、高铁、移动支付等信息并没有汇聚协同，智慧城市的建设往往流于形式。一些地方政府通过立法推进"城市大脑"，是国内智慧城市领域的一次典型变革，这是未来智慧城市的发展趋势：数据工作立法、产业数字化、数字产业化同步。例如，贵阳市在2017年颁布了《贵阳市政府数据共享开放条例》；2020年4月，杭州市司法局组织起草了《杭州城市大脑数字赋能城市治理促进条例（草案）》；2020年7月，深圳市司法局发布了《深圳经济特区数据条例（征求意见稿）》。随着立法工作和智慧城市建设的同步，智慧城市建设将加速推进。

**（二）智慧城市的发展方向**

**1. 时间轴主线**

从地球文明来说，时间轴线上的演进包括自然界的演进和社会的演进。自然界的生物演进发展遵循了达尔文《物种起源》中的理论，通过进化论基本可以预判自然环境的变化带给人类及其他生物的影响。在社会发展领域，社会演进基本遵循采集经济、狩猎经济、农业经济、工业经济、数字经济、智能经济的演进规律，智慧城市属于数字经济范畴，智能经济由人工智能概念发展而来。城市从农业经济开始出现，必将经历工业经济的城市、数字经济的城市、智能经济的城市这样一个演进路径。随着制造业的发展，工厂逐步从核心城区搬离，产业聚集区、工业园区等更加专业化的工业经济区域开始形成。无论城市的发展阶段如何，从时间轴线上智慧城市的建设都将经历工业经济、数字经济、智能经济三大阶段，三大阶段可以融合发展，但是主线基本不变。

2. 技术轴主线

目前，智慧城市的建设已经不再是工业思维范畴，而是通过数字化、互联网和物联网、数字孪生措施实现城市的数字经济发展路线，这其中也包括通过数字经济措施继续对工业经济进行转型升级。智慧城市的建设恰恰是通过互联网和物联网向前推进，但总体来看还需要瞄准数字孪生这个方向。每个城市有其发展的自然禀赋、历史禀赋和经济基础，所处的发展阶段不同。从机械化、电气化、电子化、数字化、联网化（含互联网、物联网）、数字孪生、专用人工智能、通用人工智能到最后的超级人工智能，这条技术发展主线始终在潜移默化地起着作用。当前大部分智慧城市的建设其实都在朝着数字孪生方向发展。

3. 物理载体主线

众所周知，任何社会事业的推进都需要有一个协同推进的载体，智慧城市也不例外。智慧城市从早期的规划设计、咨询方案到落地实施，正是不断寻找载体的过程。没有载体，智慧城市无法展示，无法显性化。当前，显性化的主要方案是通过智慧城市指挥中心、大屏显示系统等各种方式呈现，实质上是政务信息系统开发、展厅装修、大屏显示的弱电集成。

（三）数字孪生理念

2002年，密歇根大学的迈克尔·格里夫斯博士首次提出数字孪生技术概念。他认为，通过物理设备的数据，可以在虚拟（信息）空间构建一个表征该物理设备的虚拟实体和子系统，并且这种联系不是单向和静态的，而是在整个产品的生命周期中都联系在一起。显然，这个概念不仅指的是产品的设计阶段，而是延展至生产制造和服务阶段,但是由于当时的数字化手段有限,因此数字孪生的概念也只是停留在产品的设计阶段,通过数字模型来表征物理设备的原型。可以说,数字孪生就是根据物理世界的物体,通过数字化的手段在数字世界中构建一个一模一样的实体。这一概念最先应用于制造业,其他领域如3D打印、模拟仿真、建筑BIM设计都是对物理环境的映射,从内涵来说都属于数字孪生。从广义上来说,数字孪生还包括各种行业管理、城市管理、企业管理流程、商业活动等所有人类行为过程被映射到网络环境的现象。总之,数字孪生包括两方面:物理环境、流程活动。

### (四)基于数字孪生城市的智慧城市顶层设计

#### 1. 数字孪生城市的内涵与外延

数字经济的发展必然经历数字化、联网化(互联网、物联网)、数字孪生三个阶段,这三个阶段并不是逐个实现的,而是在不同行业有不同的发展程度。当前,数字孪生的发展在流程活动层面已经基本上实现孪生,而在物理环境中的孪生还处在萌芽阶段。

数字孪生城市内涵就是在城市信息的建设过程中,在虚拟的数字环境中再映射出城市环境中的物理环境和管理流程活动,通过数字孪生理念和统一的平台,实现智慧的城市。当前的"城市大脑"是基于管理流程中数据输出的大数据挖掘,还没有发展到人工智能城市的程度,但最终会回到数字孪生的实践上来。数字孪生的外延除了ICT(信息通信技术,Information and Communications Technology)系统外,还有城市安全、环境治理、居民生活服务、产业发展、商业机制、法律配套等。

#### 2. 数字孪生城市持续演进阶段

数字孪生城市的发展是循序渐进的,数字孪生城市概念并没有广泛推进,但是由于其理念遵循物本原则,即在数字世界里孪生一个城市,因此无论智慧城市进程发展到哪一步,数字孪生城市都是不可逾越的阶段,而且其演进必然遵循以下规律:从建筑行业向园区规划、城市规划行业、公共安全、交通行业、水利行业、商业、旅游行业等逐步扩展；从单体的建筑向建筑群、经济开发区、园区、整个城市扩展；从平面 2D 图向 3D 图、3D GIS 图扩展；从单纯的平面展示向立体、VR 展示、全息投影显示扩展；从最基本的城市建设向城市安全、城市治理、城市服务、产业发展延伸；从单体智能向群体智能、"城市大脑"逐步演进。

L1 级别：总图 GIS 阶段与城市规划。GIS，即 Geographic Information System，是地理信息系统的缩写。地方政府处理日常行政事务的 70%～80% 与地理信息有关。传统的 CAD（计算机辅助设计）用于城市规划缺乏属性数据支持，GIS（地理信息系统）作为一种应用性极强的系统，被广泛应用在包括城市规划、交通运输、测绘、环保等领域，总图运输工程是工业企业设计中的重要组成部分。目前，GIS 主要应用于数据库管理、地图显示、空间分析、空间建模等城市规划相关领域。

L2 级别：GIS+BIM 阶段与智慧建筑。GIS 展现的是室外的空间环境参数，利用地理信息系统可以对室外进行定位和信息管理。室内环境也是人们活动的主要区域，包括博物馆、体育馆、商场、地下设施空间都可以通过 BIM 进行展示。已建置完成的 BIM 资料转入 GIS，可以节省重新建置 GIS 档案的时间，直接利用 BIM 模型转换成 GIS 使用的数据，便可以减少重新建置 GIS 数据的人力物力消耗。BIM 能够衔接我国公共设施管线数据库标准，强化共同管道的信息架构。

L3 级别：GIS+CIM 阶段。CIM 的全名是城市信息模型，即 City Information Model，从范围上讲是大场景的 GIS 数据 + 小场景的 BIM 数据 + 物联网的有机结合。有了 L2 和 L3 级别之后，再加上物联网技术的应用，CIM 应用的空间很广泛，包括城市规划、国土资源管理、交通管控、水利资源管理、安防与公共安全、人防设施管理、环境保护、文物保护、能源燃气等各大行业领域和一切智慧城市相关的领域。

L4 级别：3D GIS 阶段。二维 GIS 技术的城市规划与分析已经无法完全对城市进行表达，其表达的是平面的土地规划、用不同的颜色区块表达不同的规划用途。城市土地使用不能突破基本农田红线，而城市人口在不断增加，经济密度也在增加，因此需要利用三维 GIS 对整个城市的三维立体空间进行统一描述，包括地下的地质、管线、构筑物，地上的土地、交通、建筑、植被，以及室内的设施、房产、人口等，形成与现实世界一致的三维立体空间框架。

## 五、智慧城市基本单元：智慧社区治理

### 1. 智慧社区发展趋势

社区（包括城市中的园区）是城市行政组织的最基层组成部分，社区—街道—区（县）—城市这条主线是城市管理的脉络。智慧社区主要有以下发展趋势。

（1）社会治理重心向基层下移

党的十九大报告提出，到2035年基本实现社会主义现代化，我国经济实力、科技实力将大幅跃升，跻身创新型国家前列。到21世纪中叶，实现国家治理体系和治理能力现代化。国家治理体系和治理能力现代化被列入国家政策着眼点的重要战略论述。

何谓国家治理体系和治理能力现代化？在治理体系层面，其实就是理顺政府自身运作机制、政府与市场的关系、政府与人民的关系。在理顺政府自身运作机制方面，强调释放基层活力；在政府与市场关系方面，要依靠市场推动资源有效配置；在政府与人民关系方面，提出要从人民群众关心的事情做起，从让人民群众满意的事情做起。可以看出，理顺政府自身运作机制和处理好政府与人民的关系方面，都涉及基层。把千千万万的基层工作做好，细流汇成江河，才会带来国家治理能力的现代化。

（2）政务服务下沉的发展趋势

政务服务下沉是指政府社会管理方式的改变，即街道从管理人到服务人，社区从管理到自治，为便利群众将直接面向群众的政务服务事项下放至街道、社区。传统的政务服务需要集中到街道、社区一级办理。随着网络化的推进，打通政府服务群众的"最后一公里"、让老百姓在"家门口办事"成为政府服务的主要目标。例如，有的街道社区实行基层医疗的分级诊疗或派驻家庭医生，提高了效率，改善了服务质量，降低了社会成本。

### （3）治安治理下沉的发展趋势

基层的稳定带来社会的稳定，基层的安全带来社会的安全，基层的环境美好也会带来社会的环境美好。从安全、稳定这个角度来说，如果社区这一层的功能发挥不出来，整个社会的稳定和发展则无从谈起。以 2020 年年初的新冠肺炎疫情为例，社区在流动人口排查、流行病学调查、疫情防控、居家隔离管理方面起着重要的作用。

### （4）城市数据汇聚的发展趋势

数据产生的源头是基层。对于社区这个基层来说，来自一线的数据才是最真实的数据，但是实际上我们看到很多管理数据来自各个管理部门，各个线条的数据汇总之后只能反映一定的规模，从根本上来说，这种垂直线条的数据实际上处于数据垄断且失真的状态。举个例子，中国人民银行的个人征信报告，可能很多人都打印过，其中的数据除了信用卡记录、按揭贷款等银行体系内的信息外，其他大部分信息往往因更新不及时而失真。这其中最根本的原因就是数据源在基层产生，但是并没有对数据源进行实时更新。因此，城市数据汇聚的发展趋势是，数据产生于源头，从基层到管理部门层层汇聚，并且具备纵向的数据更新和横向的数据协同，让数据真正从定期更新转变为实时动态更新。

### （5）从智慧社区到智慧城市的发展路径

我国智慧城市的发展经过了两大阶段：第一阶段是行业信息化与横向整合及业务协同同时进行，更多是政务信息化的内容；第二阶段是一些新城新区吸收前一阶段其他地区经验，先集约打造云计算中心、运营中心、大数据平台等基础设施和共性能力，再开发建设行业应用系统。但无论哪一阶段，都是基于行业垂直管理的线条，数据的颗粒度太大，无法进行精准分析；数据容易失真，不能反映真实的基层信息。社区则可以通过对每个小区、写字楼加装人脸识别系统，做到跟踪分析每个人的日常行踪。

从智慧城市的实施过程来看，智慧城市必然经历数字化、互联网、数字孪生三大阶段。智慧城市建设 1.0 模式做到了对于行业管理的数字化、互联、管理活动孪生，而对物理空间还没有做到孪生；智慧城市 2.0 则是在物理空间上从 BIM（建筑信息模型）到 CIM（城市信息模型）逐步实施，从 BIM 到 CIM，实现静态的数字孪生城市；如果要实现动态的数字孪生，则需要各种信息采集设备，如物联网传感器、人脸识别终端、车牌识别终端等各种物理传感器与真实的物理环境进行紧耦合，并叠加在静态的数字孪生城市之上，实现动态的数字孪生城市。

**2. 社区管理与服务的痛点与难点**

（1）政府层面

从政府管理的角度来说，本辖区内的各项社会运行数据是核心内容。当前的数据基本是从行业垂直线条进行纵向的聚合，导致数据重复。对于智慧城市来说，从城市的数字化到城市互联网、城市物联网再到数字孪生城市是循序渐进发展、一脉相承的过程。城市是由若干个社区组成的，如南京市下辖鼓楼区、玄武区、建邺区、秦淮区、栖霞区、雨花台区、浦口区、六合区、江宁区、溧水区、高淳区11个市辖区，共计94个街道、6个镇，全南京市有1000多个社区。截至2019年，对于南京市政府来说，如果要做到完全的智慧城市就需要把全市的社区网格从物理世界镜像到数字世界中。从全市角度出发，在数字世界中显示每栋建筑、每条道路、每个商铺等显然是不现实的，而如果从社区层面开始，每个社区把自己管辖范围内的以上内容按照统一的标准进行镜像，所有社区的数据都通过街道、区汇总到城市，数字孪生城市就会实现从 BIM 到 CIM 的转变。智慧城市无非就是管理好物理的城市和城市的数据并实现两者的互动，而当前城市的数据来自于各个职能垂直线条的统计数据，而不是来自整个城市所有角落的矢量化数据，因此只有把智慧社区这个层面做好了，才能称得上是智慧城市。

（2）社区层面

"社区"一词是20世纪30年代初，费孝通先生在翻译德国社会学家滕尼斯的《社区与社会》时，从英文单词"Community"翻译而来。社区不是政府机构，也不是企业单位，它是一种接受街道拨款的事业型民间自治机构。社会学家给社区下的定义有140多种，尽管各不相同，但在构成社区的基本要素的认识上是基本一致的，普遍认为一个社区应该包括一定数量的人口、一定范围的地域、一定规模的设施、一定特征的文化、一定类型的组织。英文 Community 一词含有公社、团体、社会、公众,以及共同体、共同性等多种含义。因此,有的学者有时又在团体或非地域共同体这种意义上使用 Community 一词。

社区有三大职能:自治职能、协助职能、监督职能。社区管理的痛点有以下3个方面。

①只有"管"没有"理"。"管理"这个词汇,具有两层含义,"管"是管控,包括安全、稳定、秩序;而"理"就是有机整合,通过"理"让社区系统形成有机的整体,形成一套不断迭代的自我治理机制,但是,当前社区如果要做到高效的"管"和"理"存在很多困难。例如,社区、物业、业主委员会、居民之间的治理关系还没有理顺;管理需要信息化,但绝大部分社区的信息化水平不高,甚至全靠手工操作;社区的管理主要是政务服务,但对于居民来说,居民的生活需求是主要内容。因此,如何在做好政务服务的同时又能按需引进社会力量做好生活服务,是所有社区当前面临的共同难点。

②职能繁杂。工作线条多,事务庞杂,行政性事务几乎占其总工作量85%以上是一个普通社区居委会面临的问题。社区身兼多项职能,每一项职能的背后是人员的安排、沟通交流、时间调配等,而社区的管理人员一般在5~10人,仅靠社区内的管理人员无法承担庞杂的工作量,如何通过信息化手段把所有职能互联网化、社会化、自动化是社区管理的难题。

③缺乏统一的智慧社区平台。当前所有社区都缺少一个统一的涵盖政务和服务的民生大平台。社区与街道之间、街道与上级政府之间存在数据的报送、聚合、统一口径,因此,需要智慧城市的系统性的工作来完成,这也是一个难点。

(3)居民层面

社区的居民关注的焦点集中于吃、穿、住、用、行、教、医等方面。目前,大部分居民对于社区的配套服务不了解,其实社区工作人员已做了大量的工作。社区一般有图书馆、体育馆、社区养老设施等,但是这些设施利用率偏低,或者存在使用管理不规范的现象。此外,全国推广分级诊疗、家庭医生制度缺乏抓手,社区医生与病人之间未通过信息化手段进行互动;居民无法及时掌握社区范围内配套设施信息,存在资源适配问题。

**（4）企业层面**

从 2000 年之后的美国互联网泡沫破灭之后，中国接过了互联网发展的接力棒，民间开展了大范围的互联网创业活动，但是我们也要看到，20 年来，互联网创业企业平均存活时间是 3～4 年，其原因是什么？与智慧社区又有什么关系？

虽然 T2C 难做，但是几乎所有的商业活动都要通过普通消费者变现。互联网时代，我们可以看一下具体的商圈。以时空的距离为线索，我们把互联网商圈分为三类：3～7 天、0.5～2 天、半小时。目前，第一种互联网商圈被阿里巴巴、腾讯、百度、小米、苏宁易购等大型互联网公司垄断；而 0.5～2 天被京东抓住了市场机会，通过本地化的物流仓库和专有快递人员，保证了商品到达居民手中的实效性；这些互联网公司通过自己主营业务向各个行业、产业渗透，形成了互联网生态黑洞，这个互联网生态黑洞代表的是 0.5 天以上服务的垄断，这也是大量的互联网公司之所以前赴后继奔向"死亡"的根本原因。很多互联网公司服务理念很好，但是由于资金上、流量（用户）上无法与互联网巨头竞争，导致存活时间很短。

从以上介绍可以看出，由于社区规模比较小，经费有限，社区的工作基本上是按照街道办的工作指示开展。社区工作点多面广，涉及的领域非常多，核心工作正是在"管"的层面，对于"理"更多由物业公司和小区业主委员会负责，社区起到的作用比较有限。

## 六、智慧城市基本需求：城市安全治理

城市的安全治理涉及方方面面，最基础的安全是城市治安防控，而在城市治安防控领域，最基础的是安防监控。2017 年，中国在公共和私人空间共装有 1.76 亿个监控摄像头。2020 年，中国安装摄像头的数量增加到 6.26 亿个。虽然我国拥有数量如此庞大的摄像头，但仍以安防工程和产品为主，智能化水平不高。搭建基础的视频监控网络和基础设施并不难，难的是如何利用这些数据为安防业务提供既快又准的支持。

1. 我国安防视频监控技术发展历程

我国安防视频监控技术经历了三个发展阶段。第一阶段是第 1 代（1984—1995 年），主要是模拟监控系统，传输媒介为视频线，由控制主机进行模拟处理，后端显示和传输线路都使用模拟信号。第二阶段是第 2 代（1996—2000 年），半数字化时代，主要为基于电脑插卡式的视频监控系统，通过多媒体控制主机或硬盘录像主机（DVR）进行数字处理和存储。第三阶段是第 3 代（2001 年至今），数字化时代，以网络视频监控系统为主，采取分散的 IP Camera 模式、Live Camera 视频监控平台。

2. 安防视频监控市场需求热点分析

（1）平安城市

平安城市就是通过三防系统（技防系统、物防系统、人防系统）建设城市的平安和谐。它是一个特大型、综合性非常强的管理系统，不仅需要满足治安管理、城市管理、交通管理、应急指挥等需求，还要兼顾灾难事故预警、安全生产监控等方面对图像监控的需求，同时要考虑各系统之间的联动。第 1 代模拟监控和第 2 代半数字化多使用在对安全程度要求较高的场所，如银行、政府机关等场所，市场需求比较集中，但规模有限。2003 年，公安部发起第一批"科技强警"示范城市建设。2005 年，中共中央办公厅，国务院办公厅转发了《中央政法委员会、中央社会治安综合治理委员会关于深入开展平安建设的意见》。同年，在 4 个视频监控试点城市的经验之上，"3111"❶工程迅速推进，第一批共 22 个示范城市开展视频监控项目建设。2006 年第二批"科技强警"示范城市建设开始，共计 38 个城市。同年，"3111"工程第二期建设也迅速开展，共 66 个城市及下辖 419 个县市。至此，平安城市建设的热潮正式在全国拉开帷幕。

---

❶ "3111 工程"是由公安部牵头开展建设城市报警和监控系统的基础上提出的工程。"3"表示在省市县三级；第一个"1"指在每一个省确定一个市，第二个"1"指每个市确定一个县，第三个"1"指有条件的县设定一个区或者一个派出所。目前，在全国确定了 22 城市作为"3111 工程"的试点城市。"3111 工程"可以统称为城市报警和监控系统工程。

（2）天网工程

"天网工程"是中央政法委牵头，由公安部联合工业和信息化部等多个部委共同发起建设的国家工程。天网工程是指为满足城市治安防控和城市管理需要，利用图像采集、传输、控制、显示等设备和控制软件组成，对固定区域进行实时监控和信息记录的视频监控系统。天网工程整体按照部级—省厅级—市县级平台架构部署实施，具有良好的拓展性与融合性。❶

（3）雪亮工程

"雪亮工程"一词出现在2018年《中共中央国务院关于实施乡村振兴战略的意见》中，这既是"雪亮工程"首次被写入中央一号文件，也意味着平安乡村建设将进一步提速。雪亮工程是以县、乡、村三级综合治理中心为指挥平台、以综治信息化为支撑、以网格化管理为基础、以公共安全视频监控联网应用为重点的"群众性治安防控工程"。它通过三级综治中心建设把治安防范措施延伸到群众身边，发动社会力量和广大群众共同监看视频监控，共同参与治安防范，从而真正实现治安防控"全覆盖、无死角"。❷

3. 传统安防监控领域的缺点和不足

（1）监控屏幕数量迅速增加，人力无法监控繁杂的信息

传统监控模式下，靠人值班紧盯所有屏幕，但是人无法同时监看多个视频图像，并且无法长时间紧盯监控电视。此外，监控数据越来越多，需要占据大量硬盘存储空间，而大部分设备仅能保留1个月内的数据，这也是传统安防的缺点。

（2）报警联动功能较弱，判断机制不完善

传统安防监控模式只有录像功能，根据安防监控领域的需求，需要事前预防、事中响应、事后追查。由于监控缺乏视频判断机制，事前预防只能靠人为判断，但摄像头传回的信息量太大，最终导致报警联动缺失。事中响应方面，监控缺乏警示功能，在各种公共安防和私人安防领域存在大量专用警示预防需求，但

---

❶ 唐怀坤. 赋能视频安防，AI大有可为[N]. 人民邮电，2018-10-18.

❷ 同①.

在当前监控模式下却无法满足。事后追查方面,存在平台处理能力不够而导致丢帧、画面缺失等问题,加上大部分视频保存期限很短,导致信息无法有效追踪,事后追查效率低。

(3)传统视频资源利用率低

传统监控模式下存在部署大量低成本磁盘及软件磁盘阵列(Redundant Arrays of Independent Disks,RAID)的现象,存储 RAID 重构使系统性能严重下降,容易产生因硬盘故障而导致的数字丢失现象。海量存储需要大量 DVR(硬盘录像机,Digital Video Recorder),传统存储空间无法统一管理,视频资源利用率低,数据检索慢。传统的安防监控虽然实现了记录功能,但不能准确识别视频中的人、物和场景。现实社会治理场景中,公共安全部门要快速"找出人、找到人、定位人",而传统监控模式无法快速实现。

(4)信息孤岛现象严重,信息安全管理不规范问题突出

在公共安全领域,各监控负责单位之间摄像头重复建设现象严重;在行业重点保障领域,与公共安全视频信息互通性差,存在数字与模拟并存、厂家协议不兼容、标准不一致导致的互通问题,安防监控领域资源信息孤岛现象难以打破。另外,各种安防视频信息保护不规范,信息系统防攻击、防入侵能力不足,也给视频信息互通造成了障碍。

(5)人工智能实现的技术基础现状

计算机视觉(图像识别)、机器学习、自然语言处理、机器人和语音识别是人工智能的五大核心技术。其中,技术发展速度最快、最成熟的就是图像识别,尤其是卷积神经网络的开发,大大提高了图像识别的处理速度和数量。图像识别包括静态图片图像识别和动态视频图像识别。人工智能技术的发展依赖机器学习,而机器学习尤其是深度学习依靠的是海量的结构化数据、算法和算力。在数据方面,样本数越多,图像识别的正确率越高;在算法方面,3D 面部识别算法、注意力识别算法、情绪识别算法在国内外已经有相关的技术和应用产品、解决方案。❶

---

❶ 唐怀坤.赋能视频安防,AI 大有可为 [N].人民邮电,2018-10-18.

（6）人工智能应用在安防监控中的优势

前端，感知型摄像机具备视频内容理解能力，能够通过机器视觉和图像处理将视频结构化，进而通过模式识别、深度学习实现目标检测、人脸检测和车辆检测等，依靠云端算力和大数据识别出所拍摄的静态物体的名称、动态物体的行为，并将数据上报，代替人观察所有监控探头所传回来的图像，从而对人、物运动轨迹进行识别。其主要应用于虚拟警戒线，人和车数统计，人和车流密度分布、变化趋势、动态监测，道路状态及变化监测等，可以在复杂背景环境中实现正常的监控功能，对环境影响进行判断和补偿。

后端系统主要是基于大数据的图像识别。全国1.76亿个（2017年数据）摄像头产生的图像数据非常庞大，前端摄像机通过云端传回的数据，后端系统基于不同应用单位、应用场景需求开发的分析软件会对图像进行数据化、行为分析，并能及时与系统联动、反馈给决策人员。

云端系统能够进行5G+云计算+大数据处理。在8Mbps的码率下，每个摄像头每天产生的视频数据约84GB，按照我国1.76亿个监控摄像头计算，每天产生的数据量将达到14099PB。通常情况下，监控视频一般会保留1年，重点监控单位的视频会长期保留，按照1年365天的计算量等于4.9ZB，未来视频监控数据量如此庞大，所需要的存储和流量更大，如果采用本地存储将不经济，且会造成资源浪费。采用视频格式压缩技术、云化存储技术是未来视频安防监控领域的重要趋势。云端系统可支撑千亿次规模的车辆通行记录存储管理和应用，快速实现资源调取。

（7）应用场景分析

人工智能技术不仅能提升视频安防的技术含量和功能，而且有助于构建平安社会、诚信社会，提升人民安全感、幸福感。以下是行业应用人工智能的典型场景。

①人的行为轨迹全网追踪应用场景。

人脸检测算法、人脸跟踪算法、人员跟踪算法、人脸质量评分算法、人脸识别算法、人员属性分析算法、人员目标搜索算法可对犯罪嫌疑人进行轨迹分析和追踪，快速锁定嫌疑人的活动轨迹；可对不明人员进行快速身份鉴别，为案件侦破提供关键线索，进一步提高工作效率、节约资源成本、缩短破案周期。

②车辆全网追踪场景。

根据公安部统计数据，全国机动车保有量在2017年达到了3.1亿辆，所有车辆的行为轨迹可以通过车牌号来追踪，也可以通过某部车前部的物品、车辆上唯一特征来追踪；所有与车辆有关的经济、刑事案件，甚至公车私用问题、腐败案件都能够通过调取这辆车的行驶路线来追踪。

③商业柜台保护场景。

人工智能技术可以对商家柜台进行保护，商家可以提前将相关人脸信息录入系统，当商家离开柜台后，摄像机报警装置进入工作状态，一旦有其他人闯入柜台，系统会自动发出委婉的语音提示。

④校园卫士场景。

校园安全关系着千家万户，采用人工智能摄像头可以对学生进入学校、离开学校进行实时监测，完成学生到校、离校时间的自动记录；预防校园周边内拐卖儿童、非法侵害儿童事件发生；同时，可以采用移动安防机器人，对学校进行不间断巡视，对非法侵入行为实施报警。

⑤写字楼卫士场景。

门禁考勤系统采用生物识别技术，不仅可以区分工作人员和非工作人员，还能起到降低楼宇能耗的作用。安防视频摄像头可以与照明控制系统联动，当检测无人办公时可以自动熄灯。对于一些快递、外卖、临时来访人员可以通过实名认证系统录入实名信息予以通行。

⑥零售领域场景。

无人零售将是未来线下零售主要趋势，通过人工智能安防可以为管理者提供远程可视化、顾客数据采集和分析、POS收银监督的巡店方式。通过物联网感应设备能够实现自助购买、自动结账，遇到不法分子偷盗、破坏，可以自动抓拍人脸信息、步态信息进行记录，但这些功能需要云端接入。

⑦社区及居民小区安防场景。

居民小区是传统安防设备使用规模最大的区域，也是涉及民生安全最基础的领域。随着我国城镇化进程的加快，社区、小区安防技术升级，大大提高了老百姓的安全感。社区治安水平依靠人工智能可以加强外来人口管理，进行预防欺诈预警及街道治理、安全防范等工作。

（8）发展展望

人工智能技术自 20 世纪 50 年代提出后，其产业已经进入成长期。未来，人工智能技术的发展可分为三步走。

第一步，推进公共安全领域的互联互通和网络安全机制。以公共安全的互联互通、人工智能应用、大数据应用、存储云化为突破口，建立"全国安防一张网"的安防监控平台，统一标准、接口规范、统一协议版本、统一演进布局。可由视频安防企业自下而上，基于应用场景建立区（县）域、市域、省域逐步拓展的互联互通平台，同时在此进程中要切实建立网络安全保护机制，为信息安全保护打下基础。

第二步，建立安防云平台和网络、信息安全保护机制。建立"全国安防一张网"，需要有强大的云计算平台，即基于 IaaS、PaaS、SaaS 建立三层架构的安防云平台。在此背景下，庞大的视频资源在互联互通的基础上可逐步减少本地存储，对视频信息分享建立收益机制，鼓励商家采用云模式。

第三步，建立国家安防大数据和人工智能平台。在庞大的云化基础上，依靠计算机视觉神经对视频的同步解构，形成视频大数据，视频大数据又可以进一步推动安防领域人工智能的发展，即在交叉领域如智慧城市、智能交通、社会保障等领域的行业应用，形成国家视频化基础设施。视频大数据和人工智能技术的开发会促使形成中国在世界安防领域的核心自主知识产权和国际影响力，推动相关产品和系统的出口，保障国家的安防建设。

综上，互联互通是安防云的基础，安防云是安防大数据的基础，安防大数据是安防人工智能的基础。新技术提升安防水平的最终目的，即能够服务于民生、服务于社会治理和国家安全，为国家战略保驾护航。

# 第七章

## 解码数字经济时代的企业管理

# 一、数字经济时代客户需求特点

## 1. 概述

与工业经济时代相比,数字经济时代的客户类型没有改变,依然是政府(Government,以下简称 G 类客户)、企业(Business,以下简称 B 类客户)、个人(Customer,以下简称 C 类客户)、家庭(Home,以下简称 H 类客户),但是盈利模式和服务模式已经发生质的变化,如果不能掌握数字经济时代客户的新特点,大部分互联网创新企业的投资就会付之东流。

G 类、B 类、C 类、H 类四大类客户的关注点各有不同,呈现不同的需求层次。因此,只有深入了解各类客户的迫切需求和痛点,才能区分清楚企业的产品和服务面向的客户群体是哪些,表面客户与实际客户是哪些,以及他们之间是怎样的经济利益传导关系。

工业经济时代的企业生产的是物质形态的产品,通过批发商、零售商、实体店等渠道销售。在数字经济时代,生产模式正在向数字化、工业互联网、工业数字孪生演进,营销模式和服务模式也在发生改变。数字经济催生了更多的服务行业,企业在进行企业战略分析时,需要分析每一类客户的新特点。

## 2. 四大类客户的特点

(1) G 类客户特点

第一,政府机构是客户的客户,派生性强。政府客户提供的多为公共基础设施、公共产品,具有较大的经济外部性,其服务对象为其他三类客户,因此,政府机构涉及社会生活的各方面,具有很强的辐射性。互联网企业正是抓住了这个特点，通过绑定政府客户，进而间接绑定其他三类用户，从而实现了自上而下的推广效果。

第二，既是政策制定者，又是市场参与者。政府机构既是国家有关政策的制定者，同时又是执行者，还是市场参与者，特别是在公共服务产品方面存在一定的市场行为，不过这种市场运作往往通过PPP（公私合营）、BOT（建设—运营—移交）、特许经营等模式实现。

第三，决策链较长，决策规范化要求高。政府客户的决策链往往较长，包括地区发展规划、专项规划、政府经费预算、项目建议书审批、项目或采购下达等多个流程。由于决策链较长，所以前期决策酝酿期较长，决策层面也较高，需要高对高、总对总的营销。

（2）B类客户特点

第一，专业性较强，不盲从。与C类客户的"羊群效应"有很大不同的是，B类客户有比较专业的采购团队、技术团队，对待热点现象比较理性，强调效益、成本，不会出现大量的盲从，因此很难通过热点的炒作达到获取B类客户的目的。

第二，B类客户呈现链条特点。B类客户的需求规模往往与供应链、产业链的规模有很大关系，链条式的特点决定了B类客户的需求规模有一定的稳定性，如工业互联网、数字化供应链、企业价值链等，都是呈现链条式特点。很难从根本上垄断整个链条，而只能是抓住其中一个环节。

第三，B类用户需求是以企业目标为导向。B类用户的企业目标分为高级目标和初级目标，高级目标则需符合商业组织的战略要求，满足商业用户需求，将已有商业运行逻辑进行系统化、信息化、高效化处理；初级目标可以理解为让企业更高效、便捷的运转，从而向消费者服务，以获取收益。例如，典型的OA、CRM系统，是帮助组织完成员工、客户管理任务，提升工作效率的产品。

（3）C类客户特点

2000—2020年的20年间，成千上万T2C大中型互联网企业平均投资了数百万元，但由于未掌握T2C客户的规律，大部分失败了。C类客户的特点如下。

第一，以基本生活需求为主。T2C主要面向中低端的市场。《创新者的窘境》

中提到，破坏式创新往往来自中低端市场。在数字经济时代，互联网企业做的更多的是服务，但从本质来说，中低端市场的主流是刚需的产品，而不是服务。如果不能准确把握这个特点，就很难把 T2C 市场做大。

第二，C 类市场需要壁垒和核心竞争力。如果做 T2C 市场但没有设置壁垒且具备核心竞争力，企业则缺乏盈利模式，T2C 市场基本没有壁垒，如电信运营商就是典型的依靠电信网络牌照的行政许可获得商业壁垒，其本质是满足 T2C 的通信需求，其中社交语音需求是 C 类用户的刚需，但是这个刚需的每用户平均收入（Average Revenue Per User，ARPU）值每月仅 50 元左右。可以说，互联网企业想通过 T2C 客户但在缺乏壁垒或者核心竞争力情况下创业是不可能的。以京东为例，京东发展电子商务时淘宝和天猫已经发展得如火如荼，但是京东的核心竞争力是自建物流，而淘宝购物平均要 3～5 天才能拿到商品，京东的本地化仓储和物流是当日达或者次日达，这就是核心竞争力。

第三，"羊群效应"明显。"羊群效应"理论（The Effect of Sheep Flock），也称"羊群行为"（Herd Behavior）、从众心理。C 类客户往往喜欢追逐热点，如"双 11"购物节、"618"购物节等。2020 年"双 11"购物节期间，李佳琦、薇娅直播间的累计观看人数达到了 1.62 亿和 1.49 亿，销售额超过 78 亿元。C 类客户符合数字经济时代的"眼球经济"特点，哪里有热点就聚拢向哪里，即互联网的高价值、高流量区域。因此，面向 C 类客户炒作热点、推广"爆款"往往是制胜之道。

（4）H 类客户特点

市场很多时候会忽略 H 类客户，而实际上 H 类客户的市场规模非常大，其主要关注的是住房、家居用品、家用电器、家用互联网及子女教育。有机构预测，2019—2029 年，中国房地产行业年均销售额将达到 20 万亿元；家庭装修的市场规模是房地产的 1/10，2019 年中国住宅装修及家居建材市场规模突破 2 万亿元；家用电器方面，2019 年中国家电市场规模近 9000 亿元；子女教育方面，2019 年国内家庭子女教育投入调查显示，38.8% 的家庭消耗年收入的二至三成，全年累计在线教育规模是 3000 亿元，线下的中小学辅导教育规模在 1 万亿元左右。如此庞大的 H 类客户有它固有的特点。

第一，市场规模大，客户黏性不高。H 类客户的刚需虽然明显，但是有一半左右的消费都是在很多年内的一次性投入，因此客户重复消费潜力不大，导致客户黏性不高，这种情况下数字经济时代的企业品牌和服务、价格就要有非常明显的优势才能立足。例如，很多房地产公司开发的购房、租房网站是面向H类客户的，需要设计得很友好、智能；有些互联网平台在努力突破黏性不高的问题，如小米的"米家互联"，海尔的智能家居，京东的"最后一公里"物流高附加值服务等。

第二，H类市场与C类市场融合明显。两类市场在某种程度上存在一定的叠加，因此可以通过T2C而向T2H整体渗透。例如，电信运营商瞄准家庭用户做足了文章，包括固话、宽带、IPTV等业务绑定套餐、家庭客户互相通话套餐等，但是这些家庭套餐服务本身是为了稳住存量用户，最终还是为了T2C。

## 二、数字经济时代不同类型客户的转换

数字经济时代，当企业分析客户类型时，企业（B）、政府（G）、个人（C）、家庭（H）类客户无论直接还是间接，最终用户都是T2C。可以说，用户不一定是最终客户，如何转化是关键。了解了这个特点，企业在做产品策划、市场洞察时就要重视客户的本质需求，因为这是衡量产品是否能长期受市场欢迎的基础。

T2C客户是T2B的场景。阿里巴巴一开始创立时提出的口号就是"让天下没有难做的生意"，围绕淘宝店铺、天猫品牌厂家两个维度搭建服务平台，同时吸引第三方服务商通过"店铺装修""流量推广""品牌包装"等服务做大整个T2B的生态，这种借力打力模式表面看是T2C的，但是本质上是T2B的，包括目前各种转账和缴费的移动支付，都是为了服务企业和政府客户。

T2C客户是T2H的场景。从教育行业的角度来说，表面看是C类市场，但是本质是H类市场。教育行业规模非常庞大，K12（Kindergarten through Twelfth Grade，涵盖从幼儿园到十二年级年龄阶段）在美国、加拿大、英国、澳大利亚等国属于免费教育阶段，因此它也可作为基础教育阶段的通称。

## 三、典型企业创新路径分析

数字经济时代，大企业往往有专业的研究机构、顾问团队进行政策分析、行业趋势分析、商业机会洞察，通过这些头部企业的发展战略及发展策略，我们可以洞见一些企业发展的轨迹和重点，从中寻求发展合作机会。

1. 百度

1999 年年底，身在美国硅谷的李彦宏看到了中国互联网及中文搜索引擎服务的巨大发展潜力，抱着技术改变世界的梦想，他毅然辞掉硅谷的高薪工作，携搜索引擎专利技术于 2000 年 1 月 1 日在中关村创建了百度公司。2003 年，百度发布图片搜索、新闻搜索，百度贴吧上线，成为全球最大中文社区。2011 年 2 月，百度网页搜索市场份额达 83.6%，再创历史新高，百度公司基本上垄断了国内搜索引擎市场。2019 年，百度在全球市场占比为 0.89%（谷歌为 92.86%），百度在国内市场固定互联网端的占比为 93.62%，在移动互联网端占比为 71.82%。从以上数据可以看出，谷歌凭借其搜索领域的人工智能算法已经在全球遥遥领先，但是百度在移动互联网领域的优势并不像固定互联网那么明显。显然，百度对移动互联网并没有那么重视，就百度的移动互联网产品来说，也缺少可以与阿里、腾讯、京东相抗衡的生态级产品，百度地图的生态还没有形成。

但是，百度的战略布局很超前，有远见地看到人工智能是未来大趋势，因此在人工智能领域投入了较大的研发精力。2014 年，百度聘请吴恩达担任首席科学家，2017 年聘请计算机科学家陆奇担任 CEO。但不得不说的是，技术经济的进化是循序渐进的，百度过于强调人工智且过于强调单车智能、机器学习，忽略了固定互联网向移动互联网、互联网向数字孪生渐进式演进的重要规律。以无人驾驶为例，纯粹的单车智能是不现实的，成本高、安全系数低，必然要车路协同，而且这个发展也是循序渐进的，是汽车的数字化到车路协同的数字化，从简单的功能到复杂功能、从小流量简单功能到大流量复杂功能的演进。

因此，本书认为，百度可以以搜索引擎和百度地图为双子化生态入口，互为支援，做深搜索引擎的人工智能技术，做好"技术出海"，在海外市场检验自己的 AI 搜索技术，在搜索引擎的入口内搭建百度生态；把百度地图作为移动互联网的超级入口，把检索、网盘等所有生态功能嫁接在百度地图入口上，两个生态互为引流，同时依靠百度地图提供的数字孪生技术提供丰富多彩的、基于地理位置的智慧城市平台服务。

2. 阿里巴巴

从阿里巴巴的拓展方向来看，其显然不会仅仅局限于存量已接近饱和的一二线城市电商市场，而是向农村地区、国外发展中国家、地区拓展，但是这些领域潜力毕竟有限，存在很多不确定性。因此，阿里巴巴开始拓展 B2G（政府）、B2B（企业）市场，这里的企业是指阿里平台上店铺之外的企业。阿里巴巴 2016—2020 年一直致力于数字经济 1.0 向数字经济 2.0 的延伸，从传统的电商平台、线上经济向线上线下融合、虚拟经济与实体经济深度融合的阶段转变，从金融、供应链、长途物流向"最后 1 公里"物流全面整合，从购物平台向金融平台、企业信息化平台、政务平台不断延伸，商业版图越来越大。同时，阿里巴巴也带动了传统经济体制内的创新，虽然这种创新是被动的，但总体是按照数字经济发展规律演进的。阿里巴巴整体上就是一个超级互联网生态，形成了互联网黑洞效应，未来，阿里巴巴将围绕自己的核心优势——消费互联网，向工业互联网延伸，将消费互联网与工业互联网融合在一起，将市场需求与智能制造进行联动。

3. 腾讯

众所周知，阿里巴巴是购物门户，百度是搜索门户，腾讯是社交门户，这些都是人们在数字经济时代的刚需。以刚需为本，不断扩展生态规模是互联网公司发展的规律。互联网企业做生态时还遵循另一个规律：核心业务—做大流量—扩展业务—继续做大流量—继续扩大业务范围。互联网企业的入口很少，阿里巴巴基本上以淘宝、支付宝为主要入口；腾讯以 QQ、微信为主要入口。腾讯也尝试过第三个入口——拍拍网，结果折戟。2018 年，拍拍网与淘宝，易趣并称三大 C2C 品牌。随着淘宝的壮大和模式转变，C2C 市场急速下滑，拍拍网在腾讯内部被边缘化，之后腾讯和京东进行战略合作，拍拍网被并入京东，以二手业务为主，但京东对 C2C 模式没有经验和优势，无法杜绝假货，只好停止服务。腾讯的基因是社交，如果开展其他创新，需要在现有平台入口上进行整合，经验的不足导致拍拍网没有运营下去。

2018 年，腾讯启动战略升级，扎根消费互联网，拥抱产业互联网；在移动互联网下半场，腾讯树立了新目标。马化腾表示，腾讯要做好"连接器"，为各行各业进入"数字世界"提供最丰富的"数字接口"；还要做好"工具箱"，提供最完备的"数字工具"；更要做好"生态共建者"，提供云计算、大数据和人工智能等新型基础设施，激发每个参与者进行数字创新，与各行各业合作伙伴一起共建"数字生态共同体"。腾讯的核心业务是"沟通工具"，其实本质上是对传统通信工具的替代，本书认为，腾讯未来可以从人与人的社会沟通向企业级沟通、人与机器人沟通等领域延伸，让信息的传递更便捷，以沟通媒介为平台打造综合商业服务。

4. 华为

如果说 BAT 构建了互联网生态，华为则建立了政企、运营商、个人用户三大硬件生态。2020 年 2 月，华为采用线上直播的形式在巴塞罗那召开了 2020 年首场新品发布会，虽然形式改变了，但是内容依旧非常丰富精彩。这场以"共联未来"为名的华为终端产品与战略线上发布会带来了多款重磅新品。发布会上，余承东多次强调"1+8+N"战略，据说这个战略让苹果、小米、联想等大品牌都感受到了压力。正如上文提到的数字经济创新创业规律中的"互联网生态黑洞"规律，华为在构建自己的互联网生态，但与亚马逊、阿里巴巴、腾讯这些互联网企业不同的是，华为更多是靠硬件生态来获得用户流量和规模效应，而前三者大多靠庞大的用户量带来的广告、平台商业价值。本质上来说，只要不断优化生态，提升内容质量，靠在线用户量会比较长久，毕竟硬件是为网络服务的，可替代性比较强。华为"大连接战略"是提升硬件的规模效应，但是这种规模效应黏性并不高，因为硬件之间的互联互通并没有生态的障碍。鸿蒙 OS 能够实现模块化耦合，对应不同设备可弹性部署。鸿蒙 OS 有三层架构，第一层是内核，第二层是基础服务，第三层是程序框架，可用于手机、平板、PC、汽车等各种不同的设备。"鸿蒙初辟原无姓,打破顽空须悟空",华为做的正是颠覆式创新。过去的操作系统只能在一类终端上使用,而现在可以在所有终端上使用。华为确实有实力去做操作系统,但本书认为下一个窗口将是智能经济时代的泛人工智能操作系统。

虽然华为更多考虑的是硬件,但其依然不是工业经济时代的"华为",而是一个数字经济时代的"华为",用任正非的话来说,"华为是一棵大树,上面树枝结了许多果子。树干就是我们的大数据管道,树枝上的果子是千万家内容商与运营商的业务。我们的云原则是上不碰内容,下不碰数据,而是支撑平台,这同样也是管道。……根在哪呢?根在最终客户那个地方。我们吸足营养,这样会使我们的树干更强壮"。2020年6月,全球权威咨询机构IDC发布了《2019年下半年中国SDC软件市场概况》。报告显示,华为云容器软件市场份额排名位居中国厂商第一、全球厂商第二。2020年3月28日,Frost & Sullivan(简称"沙利文")发布了对中国公有云市场的调查研究结果,指出2019Q4中国公有云市场份额中,阿里云、腾讯云、华为云位列中国前三甲。

虽然华为不想发展内容和服务,但是可以看到华为也在发展移动支付,支付门户效应是数字经济的命脉。中国银联错过了整个移动支付时代,被阿里和腾讯占得先机,马云曾说"银行不改变,我就改变银行"。彼时,作为传统金融业的代表——银联并不懂这句话的深刻含义,但是银联并没有放弃,与华为频频开展合作,2019年开始合作充电桩的扫码支付,借助华为的频带电力线载波通信技术PLC-IoT(Power Line Communication Internet of Things),即充电桩的电源线上能够传送信号,实现了充电桩不需要另外链接网线或Wi-Fi的情况下"无感支付"。到了2020年,华为又与银联开展全面战略合作,即"围绕金融支付创新、云计算、大数据、人工智能等领域展开全方位合作"。实际上除了支付入口之外,其他都是障眼法,本质上还是为了与阿里、腾讯抢夺移动支付入口份额,毕竟阿里和腾讯占到了94%以上的市场份额。不过,华为的基因并不是互联网,尽管移动支付优惠力度大,但市场进展也非常缓慢。所以,华为不是互联网生态型企业,他只是一个"肌肉十足"的硬件厂商。其实,华为拥有庞大的硬件注册用户,但可惜的是华为一直没有盘活这些用户。

5. 字节跳动

字节跳动（ByteDance）是一家创立于2012年的移动互联网企业，当时移动4G网络试验网建成，紧接着2013年4G网络正式发牌商用。3G网络带宽比较窄，而真正推动固定互联网向移动互联网业态延伸的是4G网络的大规模建设。字节跳动这家公司正是抓住了技术经济进化的这一趋势，其创业产品是"今日头条"，同时利用了智能算法进行精准推动，这符合技术进化论中所提到萌芽期原理。数字经济时代已经有了人工智能的相关技术，字节跳动既能够抓住移动互联网的趋势，又能利用智能经济中的人工智能技术的发展趋势，字节跳动的每个"点"都踩得很准。

字节跳动在2016年设立了人工智能实验室，后续的西瓜视频、抖音短视频产品都运用了人工智能研究成果。2018年，字节跳动"端上智能计算机视觉算法平台"项目获得中国计算机学会科技进步卓越奖。2018年，字节跳动以750亿美元的估值成功超越Uber，成为全球价值最高的独角兽企业。随着国内市场的饱和，字节跳动在国外推出TikTOK，实施"技术出海"战略，仅仅3年时间就在海外市场做得风生水起，字节跳动的产品目前已经覆盖了全球150个国家和地区，75种语言，并且在40多个国家和地区的应用商店都名列前茅。

从字节跳动的案例中，我们可以发现，如果要打破"互联网生态黑洞"规律的魔咒，必须充分利用技术经济进化的规律，准确踩到每个技术经济演进的起始点，然后充分利用ROSE模型中的萌芽期、主流期、叠加期的原理，加快技术和产品的迭代。显然，计算机视觉、自然语言处理、机器学习、语音和音频处理、数据和知识挖掘、计算机图像学、系统和网络、信息安全及工程和产品等技术和产品已经属于智能经济范畴。字节跳动借助数字经济互联网生态定律及智能经济萌芽期的专用人工智能技术，突破了BAT各家所打造的互联网生态黑洞，成就了一个新的互联网生态黑洞。本书认为，字节跳动要想继续往前发展，还需要补上互联网生态的短板，需要打造抖音和今日头条两个超级入口，打造自有"移动支付"入口，同时还要不断地向购物、保险、旅游、政务等线下业务延伸，追赶阿里巴巴、腾讯的脚步。而利用智能技术开发更多差异化的线上线下产品，最关键的是整个生态体系的支付入口一定要牢牢握在自己手里。

### 6. 微软

微软公司由比尔·盖茨与保罗·艾伦创办于1975年，是一家美国跨国科技公司，也是世界个人计算机软件开发的先导，其最为著名和畅销的产品为Microsoft Windows操作系统和Microsoft Office系列软件，目前是全球最大的电脑软件提供商。然而，微软毕竟是从工业经济时代走过来的，虽然提供的是数字经济产品，但还保留着传统的工业经济思维，缺失互联网生态，错过了移动互联网的窗口期，收购诺基亚也未能挽回这一局面。

随着互联网的普及，终端大量的计算需要在云端解决，此时云计算是大势所趋，但是微软Office软件太厚重了，依然没有抓住趋势。反观金山WPS，运行非常流畅，而且可以加载丰富的云端应用，具有比微软更丰富的模板，更符合亚洲用户习惯。中国金山重要办公软件WPS，覆盖46种语言，为全球220多个国家和地区超过4.11亿个人用户提供办公服务。2020年，每5个中国人中至少有1个人是WPS的用户，而在国外，已经有超过1亿人使用WPS办公。

微软当前主要是利用其电脑桌面的垄断地位继续做虚拟桌面及大中型企业、政府的云计算业态，一旦全球有了新的更便捷更泛在的操作系统（如华为的鸿蒙系统），那么微软生态的最后一个城墙将被攻破。

### 7. 亚马逊

1995年，杰夫·贝索斯在自家车库里建立了亚马逊网站，当时正是克林顿政府推行"信息高速公路""数字地球"的第三年。亚马逊从搭建网络购物平台开始，作为一个开源的平台为其他企业提供展示和销售产品的互联网空间，其抓住了当时美国固定互联网初始高速发展的10年契机。从"网上书店"到T2B+T2C电商平台，由于其开展的是实业，在2000年互联网泡沫破灭时亚马逊并没有受到很大影响。到了2010年，已拥有23大类、超过120万种商品的网上商城卓越亚马逊发布了"网络购物诚信声明白皮书"，主要就消费者网购普遍关心的"正品"和"退换"问题，针对售前和售后的诚信保证作出了具体阐释。对此，卓越亚马逊对消费者推出了"天天低价、正品保证"的承诺。

亚马逊通过 T2B 业务的推广，目前在全球云计算市场的占有率为第一，达到了 30% 以上，在人工智能领域也有了很多突破，这是非常值得关注的。2020 年，亚马逊的市值已经达到了 1.61 万亿美元，比阿里的市值稍多一些，但是阿里生态还有一些未上市的公司。整体来看，阿里的市值已经超越了亚马逊。从这个角度来看，亚马逊的发展如果不能抓住数字孪生、专用人工智能的契机，未来是否能独占鳌头还很难说。

## 四、管理创新：从纵向管理走向横向管理

虽然我们已经进入了数字经济时代，但是，当前大部分企业管理理念和方法还停留在工业经济时代，工业经济时代的生产流水线理念和方法在数字经济时代需要升级延伸到管理领域，实现从生产企业向服务型企业的转型及从生产流水线到管理流水线的升级。

### 1. 工业经济时代流水线诞生的重要意义

近代管理学的诞生以弗雷德里克·温斯洛·泰勒的著作《科学管理原理》为代表。从本质上来说，流水线的出现也源于泰勒的科学管理思想。泰勒时代实行的是以人体力劳动为核心的标准化管理模式，他开创了科学的工业现场生产管理模式和标准化生产流程，降低了工人的劳动强度，提高了劳动生产率。20 世纪初，美国人亨利·福特首先采用了流水线生产方法，在他的工厂内，专业化分工非常细致，仅一个生产单元的工序竟然多达 7882 种。为了提高工人的劳工效率，福特反复试验，确定了一条装配线上所需要的工人，以及每道工序之间的距离。经过生产流程的优化，每个汽车底盘的装配时间从 12 小时 28 分缩短到 1 小时 33 分，就像蒸汽机的发明源于矿井抽水应用场景并向铁路交通、公路交通、纺织、造纸等行业延伸那样，流水线这种生产组织方式也从汽车工业向所有企业延伸，推动了工业产能和社会财富的快速增长。之后，丰田公司将流水线的生产方式加以吸收再创新，将"以设备为中心进行加工"的生产方式改变为"根据产品的加工工艺来摆放设备"，实现了小批量、多品种、低成本的精益生产模式。

工业经济时代的企业管理学在之后的发展中并没有像泰勒的科学管理那样

进一步深化,而是交给了不同行业的机械技术工人和管理人去实践,由此工业经济时代生产管理实现了不断的效率迭代。然而一个企业不仅有生产部门,还有管理部门,各种管理职能有较大差别,因此出现了法约尔的过程管理、马克斯·韦伯的组织管理等理论。管理学过多地关注"人"的心理因素,如内容激励理论、过程激励理论、调整激励理论,其以"管理就是管人"的理念为指引,逐渐走入了管理心理学的狭窄演进路径,并未延续科学管理、流水线生产管理的思想精髓。可见,我们需要从更大的"价值链"维度去考量管理学的发展。

**2. 数字经济时代管理面临的挑战**

全球主要经济体已然进入了数字经济时代:全球国内生产总值排名前十的国家的数字经济比重已经达到了 40% 以上。1998—2019 年,美国数字经济的年均增速是国内生产总值平均增速的 4 倍以上,占国内生产总值比重已经超过 60%。中国 1000 强的企业里有 50% 已经把数字化作为面向未来的关键策略。虽然整个经济形态相对于工业经济时代已经发生了明显的变化,但是我们的企业职能管理理念、组织架构、组织行为模式还停留在传统的工业经济时代,突出体现为以下四个方面。

第一,大部分企业仍然采用工业经济时代自上而下的垂直管理模式。近代管理学理论发端、发展于工业经济中后期,决定了企业组织架构的不断演进。从最早的生产综合管理,到市场管理、研发管理、财务管理、人力资源管理、战略管理,部门越来越多,企业的层级也越来越多,信息自上而下流动,在这种企业管理组织模式下,企业信息化必然面临一些阻力。在数字经济时代新型的组织结构中,传统的企业组织结构中严格的等级制度已经不复存在,组织中上下有序的传统规则被淡化,员工之间的关系是平等的分工合作关系,基层员工被赋予更多的权力,他们有可能参与部门目标甚至组织目标的制定,组织内的信息不再是上下级之间的单向传递,而是一种网络化的即时双向沟通。

第二,大部分企业陷入管理信息系统的误区。基于工业经济时代的思想,企业管理以计划、组织、协调、指挥、控制为核心,但往往计划不足,控制过度,企业信息化大多成为服务"控制"的环节,也就是审批流程。数字经济时代需要的是信息管理系统，而不是管理信息系统，二者反映的是工业控制思维和数据运营思维的区别。前者把人作为收取信令和劳动的机器，力图通过领导力、激励机制弥补这一不足；后者把员工看作企业数据的供应商和客户，实现了内部的透明管理。

第三，企业管理理论与工具的碎片化。生产力的发展是对抗熵增的过程，而企业管理也在不断对抗熵增。工业经济时代的分工理论导致当前企业战略管理、营销管理、领导力、企业文化、供应链等大部分企业管理工具和方法属于企业管理的某个细节领域，不成体系。实际上，企业的发展是一个系统，企业的结构决定了企业的功能，而系统的运营是创造价值的过程，因此，要抓住企业核心的价值链，脱离价值链去讨论企业的具体领域就会出现"一叶障目，不见泰山"的现象。企业家应坚持"思维经济原则"，即"奥卡姆剃刀"，概括起来就是"如无必要，勿增实体"。企业围绕的是生存、发展，其核心前提是创造价值，现实路径是通过价值链实现，其他一切管理活动都应该围绕创造价值（包括社会价值与股东利润）实现体系化，否则会存在巨大的内耗。

第四，传统价值链工具方法的局限性。传统价值链理论由迈克尔·波特于1985年提出。波特认为，"每一个企业都是在设计、生产、销售、发送和辅助其产品的过程中进行种种活动的集合体，企业的价值创造是通过一系列活动构成的，这些活动可分为基本活动和辅助活动两类"。可以看出，波特的价值链理论主要是面向工业产品生产领域，而发达国家的第二产业比重已经由20世纪的70年代的40%以上大大降低到19%，且服务业的比重在2018年已经达到了80%以上。从数字经济方面来看，中国的这一数字正在以每年10%以上的速度增长。整个社会的生产生活形式已经发生了较大变化，传统价值链理论要向全产业的企业管理覆盖，即向管理流水线覆盖。

### 3. 从生产流水线向管理流水线的升级

管理流水线就是在数字经济时代，改变工业经济时代将职能管理和生产管理分割及自上而下的控制型管理，将职能管理和生产（服务）管理通过信息管理系统形成小中心、扁平化、横向打通的信息流水线，实现企业管理活动数字孪生化,进而通过数字世界的光速和低时延、无缝衔接形成企业高价值增长。从生产流水线向管理流水线展开及升级体现为以下两个层面。

(1) 全社会层面的"横向创新"思想:供应链、产业链、创新链

在全球经济一体化影响下,供应链已经全球化。2019年,苹果供应链上中国企业平均净利润率仅为2.36%,而掌握供应链上游核心技术企业的利润却非常高。同时,各行业的产业链成为国家竞争力发展的标志。我国芯片产业从设计、制造到集成封装,受制于最关键的制造领域,芯片产业链、操作系统产业链越来越受到重视。在当前形势下,以低端制造业参与全球分工的模式难以为继,而提升产业链现代化水平需要参与附加值较高的创新环节,从而融入全球创新链,实现从OEM(代工制造商)向OBM(自有品牌制造商)的演进。这些"链式思维"可以表述为横向的协同创新模式。

(2) 企业层面的"横向创新"思想:马斯克式创新与华为式创新

在SpaceX公司的管理中,马斯克沿用了此前创立ZIP2、PayPal等企业的管理思想:精英团队,高工资、高水平、高效率,最核心的是他打破了过去工业经济时代"自上而下"的层级管理模式,将其变为"自左向右"的"流水线"项目管理模式。Space X内部主要采取项目制管理模式,不同的项目组由不同的副总裁直接带领,并设立一名领导工程师管理具体事务,在内部管理流水线上游的密集工作完成后,人员可以从项目组解放出来,加入下游环节的项目组。在火箭的管理流水线控制中,每个环节都在用行业最低的成本模式,尤其是独有的火箭回收技术更是把成本控制到最低。创新管理学家克里斯坦森在《创新者的窘境》中提到,企业现有的"资源、流程、价值观、文化"是企业发展破坏式创新的阻碍,而马斯克式创新回答了如何实现"破坏式创新"。

华为式创新不是战略创新、人才创新、研发创新、产品创新等某个具体创新模式。华为的创新是系统化的"商战创新",这种模式类似军队。军队首先要生存,做好防御;其次是攻城略地,做好进攻。而进攻就是最好的防御,因此华为始终在不停地进攻,每个"城池"和"利润点"马上可以通过内部管理流水线吃掉、消化掉,包括战略计划、企业预算、研发项目、供应链、产品定型、产品生产、销售渠道、售后等,这个流水线不断地吸收破坏式创新企业的管理经验和

技术成果，如 IBM 的业务领先战略 BLM 模型，日本的精益制造管理、集成产品开发 IPD 研发等。

**4. 从生产流水线向管理流水线升级的要素**

（1）文化与激励要素：从无企业文化到商战型企业文化

克里斯坦森在《创新者的窘境》中提到了企业发展必然经历的阶段：资源、流程、价值观、文化四大阶段。企业一开始依靠的是资源发展，之后不断梳理管理流程，并围绕核心业务形成运营价值观，而企业文化是根植在企业员工精神骨髓里的。但是，只有企业文化还不够，还要让企业员工能够获得企业增长的收益，也就是激励，这一点从 SpaceX 和华为运营中可见一斑。前者是对创新型员工的高薪酬激励，后者直接以企业股份激励。而这两者最终都会体现在"商战型企业文化"上，即努力做到性能第一、质量第一、服务第一、产品市场占有率第一等，汇聚全球资源，充分挖掘人才的潜力，从而不断取得一个又一个胜利。

（2）战略要素：定位业务运营的管理流水线

无论是生产型还是服务型企业的产品、市场、项目，只有实现营收，才能存活。但是市场的大小是相对固定的，因此必须优化企业的管理流水线，企业战略既要"眼睛"向外扩大业务收入，更要眼睛向内提高利润。本书认为，可以通过竞争战略，推演出产品（服务）战略，然后找到与之配套的最佳管理流水线战略，并通过 PDCA❶ 循环方式不断地优化。

（3）组织架构要素：小中心、扁平化、高效率

工业经济时代，企业部门之间的分工无法完全做到严格分工，但传统职能管理又强调分工，由此导致部门职能重复交叉、内耗严重。数字经济时代，协同比分工重要，因此取消部门，改为小中心化的信息中心成为趋势。例如，人力资源部可以分为招聘中心、绩效考评中心、培训中心等，且这些中心之间及与其他管理中心之间可通过高度协同的数据流打通，所有中心对公司管理流水线负责而不是仅对部门负责。

---

❶ PDCA：PLAN-DO-CHECK-ACTION，即计划、执行、检查、处理，也称为"戴明环"。

（4）数据要素：围绕核心价值链做信息管理系统

工业经济与数字经济叠加期的管理信息系统往往服务于某个职能管理，如财务系统、合同管理系统、库存管理系统等，大部分系统之间并不互通，或者互通也仅仅为了互调数据，并没有横向围绕管理流水线形成数据总线。工业经济时代的流水线是效率最高的工具，能源、劳动力、资本、技术是生产要素，而数字经济时代依靠的是信息化，数据成为生产要素。数字经济时代只有把数据这个生产要素放在管理流水线上，让数据的零边际成本效益发挥到极致，才能真正实现数据作为生产要素的价值。因此，要转变过去管理信息系统的理念，建立信息管理系统，管好了数据，也就管好了资源、库存、人力、技术、资金。

总之，从工业经济时代发展到数字经济时代，要有新的管理理论、方法、工具与之配套，而管理流水线就是很好的突破口。

## 五、技术创新：从封闭式创新到协同创新

### 1. 企业科技创新现状与问题

（1）缺乏有效的科技创新管理工具

对于科技创新管理工作，政府和企业当前都面临重视奖励、资金引导却缺乏具体抓手的问题，由此出现了政府推进创新驱动发展不够有力、创新驱动发展体制机制不完善、激励企业创新和集聚创新人才有效措施不多、科研资源转化为现实生产力存在差距、产业结构优化升级缓慢的问题。政府推进创新驱动往往是从资金扶持的角度出发进行的二次分配，创新驱动发展体制机制方面重在引入外部科技力量而不是激活区域内创新活动，科技企业普遍存在对科技创新工作不够重视、没有认证标准体系及具体管理工具的现象。

（2）缺乏科技创新管理认证体系

当前，企业对于国际ISO9001、ISO14001等国际质量标准体系、环境标准比较认同，此类工具也比较成熟，推动了企业质量管理的进步和企业经营环境的改善。然而，由于企业科技创新管理缺乏体系化的工具，导致企业即便想进行科技创新，但由于缺乏对过程创新和创新工具的认知，盲目研发或者跟风，原创性

不足。因此,政府需要在这方面培育科技创新服务企业,尤其是科技创新体系地区标准的建设和推广。

(3)缺乏原始创新型创新管理成果和实践方法

以发明问题的解决理论(Theory of Inventive Problem Solving)为代表的科技创新仅仅是一种方法,虽然有一定价值,但是还未与企业管理制度、管理体系融合。"自主创新,方法先行",首先是管理方法到位,才能推动研究方法实施。当前,我国科技创新管理理论界和学术界缺乏一套行之有效、与东方管理特点相结合的原创管理体系。多年来都是科研院所、科技企业自己摸索创新管理的制度体系,没有形成我国特有的、普遍实施的原始创新型创新管理成果和实践方法。

科技创新管理体系之所以缺乏,说到底是科技创新氛围和意识问题,每个科技型企业科技创新管理工作在开展过程中往往是零散的活动,不成体系和合力。实际上,对于科技创新管理而言,技术 TPI 指标、研发管理、知识管理、技术品牌管理等四个子体系可以协同形成企业自己的管理方法论。每个管理子体系中又有具体的方法,如研发管理可以吸收 TRIZ 理论,知识管理可以吸收隐性知识显性化理论等具体工具和方法,以此形成一套工具集。

**2. 1T3M 技术创新管理体系**

科技型企业发展的三个支撑点是市场、技术、管理。技术是企业可持续发展的核心,优化管理是企业压缩成本、提高效率的前提,市场是企业生存的载体。

根据《国家创新驱动发展战略纲要》中的"三步走"要求,我国到 2050 年建成世界科技创新强国。然而作为实现这一目标的具体执行单元——企业,目前为止还没有具体的技术管理工具,其技术资料的获取仍然通过企业存储服务器、Web 页面等主要媒介完成,社会各个层面难以形成有效的技术聚合效应。事实证明,任何产品的国际竞争力都是整个产业链所有技术聚合的结果,而不仅是某项新技术的研发深度。

知识管理理论 1980 年被引入我国,但具体的管理系统仍然停留在资料的归类整理阶段。目前,知识管理大多为堆集资料形成所谓的知识库、实践社区、专家平台等，且每个知识管理咨询公司对知识管理的理解、定位、方法都不一样。可以说，脱离技术体系进行知识管理就会走入误区。

所谓1T3M指的是1个技术体系管理板块（Technology System Management，TSM）；3个管理实施板块，即研发管理组（Research and Development Management，R&DM）、知识管理组（Knowledge Management，KM）、技术品牌管理组（Technology Brand Management，TBM）。为了突出技术体系的基础地位，简称1T3M。简言之，1T3M技术管理体系和信息系统，包括基于业务的技术体系的编码方法、知识管理方法、技术品牌打造方法及研发体系，如图7-1所示。

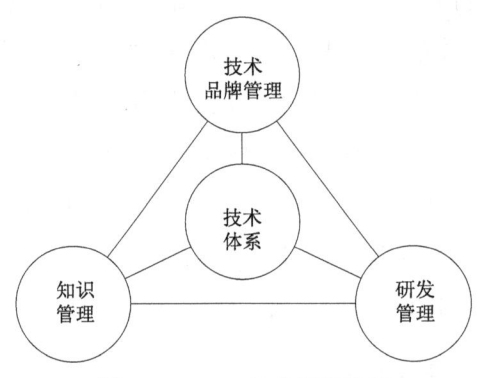

图 7-1　1T3M 技术管理体系

1T3M技术管理体系的实用价值有如下三点：第一，其将知识管理、研发管理、技术品牌管理和具体技术整合为一个整体，而不是每个管理单元各自为政。研发管理基于技术体系，能在成千上万技术中找到未来市场真正需要的产品所对应的技术，提升研发效益。第二，技术管理部门在此机制下工作能充分发挥技术管理团队的向心力，同时避免重复工作，降低工作成本。第三，技术管理的体系化能充分发挥团队的效应，为竞争对手增加竞争门槛。因为体系化的工作需要对方团队的配合和历经数月、数年的整合工作过程。技术体系最终目标是面向业务和产品的专业技术模块化组装。1T3M系统运用的基于业务单元的技术体系结构，赋予知识管理新的方法并进行特定的相互调用，从而开创技术管理的实质方法，同时融合云计算技术、通信技术应用在企业管理领域中，为企业的技术管理提供了一种电子化管理手段，提高了技术管理效率，从而奠定了企业技术管理的方法和工具基础。

（1）研发管理：低成本低风险研发方法

项目型企业实行以项目运作为载体的价值链运营模式，各类大中小型项目是企业主要业务收入、利润和现金流的来源。传统管理理论认为，任何企业投入研发是需要付出巨大的研发成本，而如果研发成本占比较高且见效慢，那就需要探索新的研发管理模式。任何企业的研发管理模式都必须建立在企业已有基础之上，找到最佳的结合点，这种变革、自我否定的过程是循序渐进的。对于研发管理来说，涉及理念目标、管理模型、研发组织架构、研发绩效评估、研发管理流程、研发审计等。本书分析的领域主要是信息化项目的开发与交付，尝试探索一种以项目为载体的前中后台联动的零成本研发管理模式，简称PIF研发管理模式（Project-Interlock-Free），目的在于减少企业研发风险，提高企业核心竞争力。

①以项目为业务载体的企业特点。

项目型企业实行以客户需求为中心及以项目投资需求为触发的经营模式，且商务模式实行预售制。以信息化类总包项目为例，大部分项目的开发模式包括需求调研—招投标—项目预付款—项目开发测试和施工—验收付款—质保维护—尾款结算等环节，采购、设计、施工等一体化，行业内多以EPC（Engineer-Procure，Construct）、BOT（Build-Operate-Transfer）、PPP（Public-Private Partnership）模式为主。具体来说，呈现以下特点。

第一，业务开发和前期项目咨询决定了项目内容。信息化项目与铁路、公路、机场等基础设施不同，其业务开发初期充满了不确定性，由业务部门的咨询师根据业务的需求拟订项目方案，确定项目的深度和规模，最后形成项目的范围、规模、内容和进度。这些都需要前期的咨询支撑，具体成果包括项目投资研究报告、项目建议书、可行性研究报告、项目需求书等。

第二，客户需求的个性化较强。信息化是整个社会的发展趋势，我国正在推动新型工业化、信息化、城镇化、农业现代化的融合发展。数字经济时代，所有行业都将信息化，但是每个行业的发展阶段、发展规模、所在地域、产业政策等均有差异，个性化非常强，没有标准化的产品可以直接套用。例如，即使是工业制造企业常见的ERP系统（Enterprise Resource Planning）、制造执行系统（Manufacturing Execution System）也会因不同的应用企业和场景而有所不同。但也有共性要素，如依据行业标准规范形成的标准化的业务流程、大致相同的数据字段等。

第三，一次性研发成本较高。由于大部分信息化项目的需求各不相同，因此针对具体项目研发每次都得从零开始，成本较高。以智慧城市信息化类总包项目为例。虽然智慧城市是一个"巨系统"，每个城市之间、不同的时间点之间需求均不相同，但是均有内在共性的需求，如数据共享交换、大屏显示控制、大数据挖掘、物联网硬件单元等。如果每个智慧城市项目都换成不同的人员重新开始做，必然带来企业资源的浪费。

第四，项目过程资产价值高但易流失。传统以项目为驱动的业务订单形成的组织资产包括项目经验、项目知识、软件代码、项目过程文档、接口方案、系统集成方案等，这些文档是团队和客户不断总结、对比后的成果，项目组为此付出了较多的人力、物力、财力。然而，这种项目型企业面临的最大问题就是人才流失、团队解散导致的组织过程资产流失问题。项目团队因项目需求而建，项目主体交付人员、研发人员、现场实施人员全部为同一班组，甚至项目负责人可以说是项目所有经验和知识的集大成者。如果项目经理离职，团队解散承担不同的项目，则会给企业带来巨大的过程资产流失。如何破解这一难题，使过程资产汇聚到企业可控可管的平台上？这是本书探讨的焦点之一。

第五，同一类项目过程资产的复用需求较大。就行业信息化项目来说，同一类项目在本行业的不同地区、不同客户、项目不同阶段的复用需求较高。以智慧交通信息化业务为例，该类业务中"某省大型高速公路信息化的解决方案"在其他临近省份均有较大的可复制性，但是随之而来的问题是由于项目组采用了大量的开发外包，交付经验分散到该项目的执行项目经理和外包商中，企业若在不同地区进行复制就面临不同业务部门之间内部结算、内部协同、再次寻找分包商的难题，这在民营小企业不明显，但是在国有大型项目型企业问题却非常突出，最后导致不同的团队有不同的业务特长项目，彼此之间经验互不复用。

②前中后台联动的理论模型。

经典的管理学理论如泰勒的科学管理理论，认为员工的工作方法和工作动作可以标准化，标准化的目的是提高效率，降低疲劳度，增加产出，实现员工与企业共赢。法约尔的一般管理理论认为，管理就是实行计划、组织、指挥、协调和控制。对于信息化项目研发管理来说，在现有业务部门分隔条块的基础上要形成新组织、标准化的流程、激励考核机制，且要实现组织的开放式创新范式。

信息化项目往往定制化特点较强。以项目为载体做研发，是前台业务交付部门充分利用项目契机与中台、后台联合评估，充分挖掘具体项目的共性社会化需求并对个性化的需求进行外部合作开发或者服务外部、软件外包的过程。信息化项目本身很多需求和开发场景具有共性化和个性化的双重特点，信息化开发企业往往重视共性化而忽视了集成的个性化，或者完全实施定制化开发而忽略了共性需求的研发，根本原因在于没有实现企业内部交付团队、产品开发团队和研发团队之间的协同，这需要企业从组织架构、业务流程模式上加以变革才能实现。

以项目为载体前中后台联动零成本研发管理模式简称 PIF 研发管理模式。项目的前台是业务中心，包括业务开拓、交付。对于信息化总包工程来说，主要由售前工程师、项目经理、少量的二次开发人员（项目前端呈现）、现场实施人员、维护人员和商务人员组成。其输入是客户的需求，输出是产品需求。业务中心可以随时获得产品信息，且只有在发生新的产品需求时，才将新的需求提交产品部门。新的需求发起的模式和流程应该统一、标准化，方便记录和分出优先级。

项目的中台是产品中心，实施的是产品线的策划、不同产品之间的统筹、专有技术与外部技术复用和集成、产品模块测试、产品版本的迭代。其输入是产品需求，输出是开发需求。产品中心应充分利用内外部资源形成针对不同行业的产品线和解决方案，且对每个行业的发展趋势和发展路线应该有自己的观点和清醒的认知。产品中心一旦提出开发需求，根据成本的微笑曲线原理，凡是市场上已经成熟的技术和非核心技术方向且开发成本远大于外部合作时，应首选引进合作伙伴。产品中心应统一开发平台，强调不同产品线之间在统一开发平台上的复用性，为未来不同产品之间的灵活对接打下基础，最终形成产品生态。

产品的后台是研发中心,包括核心专利技术开发、代码编写团队、代码测试团队。研发中心输入是开发需求,输出是应用模块,其开发响应效率决定了自研型项目的交付速度。

③前中后台联动的可行性分析。

第一,组织架构关系。传统工业经济时代的企业组织架构是自上而下层级式的。随着数字经济时代的到来,信息量爆炸式增长,这种组织架构已出现不够敏捷、反应迟钝的现象,尤其当企业发展壮大时,这种现象越来越明显,因此出现了"人单合一""看板管理""IPD集成开发""阿米巴"等各种项目型管理模式。这种项目型管理模式改变了过去自上而下命令式的垂直层级制组织架构,转变为水平项目式管理,包括自左向右的需求启动、沟通的正反馈;自右向左的创新优化、沟通的负反馈。其由强矩阵管理模式演进而来,更能快速响应客户需求,促进部门、岗位、职能之间的高度协同。

前台是业务部门,是业务收入的来源,同时也是产品开发需求的内部发起方。作为信息化总包服务商,最重要的是紧跟客户需求,提供全过程的咨询服务。只有通过咨询服务彻底摸清客户需求,才能站在客户的角度想问题,并结合公司的产品加以引导。对于公司没有的产品则反馈给产品中心,由产品中心提出开发需求或者通过产品外包整合外部资源,进而通过消化吸收最终变成自有产品。业务部门职责是业务开拓、提供全过程咨询服务,尤其是提供前期决策咨询和项目建议书编制、项目需求书编制等;进行二次开发的前端呈现,包括美工、前台开发、软硬件集成、总包实施和运营维护等。

产品中心是研发管理的中台。由于其以产品为驱动而不是以项目为驱动,因此产品中心更多的是紧盯行业、策划产品线,提供产品货架,进行开放式创新合作以引进外部成熟产品,为前端和客户提供云化服务并进行产品版本管理。

后台即研发中心,是企业真正意义上的标准化流水线开发机构。研发中心从产品中心独立出来,可以更加专注于技术研究,通过标准化开发工具、流程、管理方式提升开发效率。

第二,前中后台联动的绩效考核方案。任何一个新型的组织机构、管理方案、制度如果没有激励,就会形同虚设。传统模式下的激励模式是以部门为单位的、向上负责的机制,这种激励模式缺乏横向协同的基因。PIF 范式判断研发是否成功以客户满意度、项目经理的评价为依据,同时对部门内人员的工作量、勤勉程度、工作效果做双计双考,即产品部门、研发部门所有人员的考核的来源有两个方向,50% 来自项目考核打分,50% 来自上级的打分。

第三,传统项目驱动和产品驱动(PIF)两种范式对比见表 7-1。传统项目型和以项目为载体前中后台联动零成本 PIF 研发管理模式各有特点,但是长期来看,传统项目型模式对于信息化总包企业总体来说是不可持续的。以利润为例。传统项目驱动开发外包利润无法预控,根本原因是项目经理无法准确预估工作量,但是实际上产品中心的工作量可以准确估算,并有长期稳定的服务外包商。所有中台产品中心、后台开发人员的成本通过人员的工作量均可以分摊到具体的不同项目中,可以说所有研发管理成本都可以分摊到项目中,实现研发工作零成本。同时,随着产品线积累、开发模块积累,最终实现组织资产增值。

表 7-1 传统项目驱动与产品驱动(PIF)范式对比

| 类目 | 传统项目驱动 | 产品驱动(PIF) |
| --- | --- | --- |
| 利润 | 项目总包的利润不可控,供应商、分包商议价能力强 | 把握利润的微笑曲线,掌握利润高部分 |
| 核心竞争力 | 无核心技术和产品,缺乏核心竞争力 | 三台联动,各自负责部分,减少产品流失风险,掌握核心技术 |
| 组织过程资产 | 项目的过程资产价值高但是易流失,对项目经理要求高,离职风险高 | 组织过程资产保留在产品中心和研发中心 |
| 管理架构 | 业务、研发、技术开发三者不协同,工作脱节;研发工作不可持续,研发范围窄、版本迭代慢 | 建立业务前台、产品中心中台、研发中心后台的联动机制,分清各自侧重、角色、职责、目标;打通部门之间的条块分割,聚焦核心产品逐个行业突破 |
| 激励机制 | 业务部门无法推动研发,研发只受层级管理,研发只对垂直方向指令负责 | 建立横向以项目经理为授权考核的双计双考评价引擎机制;以项目是否成功、是否满足客户需求为评价依据 |
| 研发成本 | 纯投入型研发成本,且对研发成果的效益无法预测 | 产品中心和研发中心的工作量计入项目成本,以产品中心和研发中心的人工成本为上限,均摊到项目中,实现研发零成本机制 |
| 可复制性 | 可复制性不强、技术沉淀不够;项目经理分享的意愿不足 | 实施版本管理,不断迭代,横向快速复制、云化服务 |

以项目为载体前中后台联动零成本 PIF 研发管理范式在一些软件企业已有所实施,但是具体管理架构和操作方式各有不同。研发管理是以信息化总包作为

业务载体的项目型企业发展的核心竞争力来源。市场上成功的研发管理模型、企业案例有很多种，但基于企业现状、业务发展转型过渡等需求制定的具有可操作性研发管理模式才是企业最急需的。

(2) 知识管理：企业知识管理的三层进阶

管理学大师彼得·德鲁克曾指出，"知识将取代资本、土地、劳动力，成为重要生产要素"，知识包括"数据、专业知识、想法、洞察力等智慧资产"。资本、土地、劳动力是工业经济时代的生产要素，而知识（主要体现为非结构化数据）是数字经济时代的第一生产要素，知识管理是数字经济时代涌现出来的一种最新管理思想与方法，其融合了现代信息技术、知识经济理论、企业管理思想和现代管理理念，是现代企业增强竞争力和创新能力的基础管理活动，最终目标是打造数字型企业和智能型组织。

下面以 C 企业为例介绍企业知识管理的三层演进模式。

C 企业是中国通信服务股份有限公司的下属咨询设计战略单元，主营业务来自于国内各省市及东南亚的各类项目，因此是典型的项目型企业。C 企业遵循确保组织内部知识资产的统一配置是实现知识资本增值的强大推动力这一理念，不断摸索、提升知识管理模式，自 2012 年开始进行三个阶段的摸索和实践：知识库—知识管理服务—知识服务管理。

第一层进阶：知识库。

知识库：通过 FTP 文档存储服务器的方式将组织机构中的所有文档进行归类整理，实现检索、上传、下载、权限控制功能。

知识树形结构：将本企业的上传文件按照专业技术方向进行目录树架构统一分类整理，即按照通信、建筑、信息化、节能环保四大业务进行分专业的深度汇总，是专业纵深方向的技术积累。

知识地图：对纵向的知识树形结构进行横向的知识体系梳理，如智慧城市咨询设计业务可按照国家政策、标准规范、研究成果、知识产权、项目成果、国内外案例等维度进行横向链接整理，形成专题门户。

知识评价：对所有人员上传的资料名称进行 Excel 台账整理和专业分类，组织专委会专家进行星级评定，从资料的权威性、实用价值、使用需求、科学性等维度从一星到五星进行评定。

现场培训：通过现场培训的形式，将隐性知识显性化，员工通过现场学习、考试获得相应的学分，学分作为员工岗位提升的前提条件。

第二层进阶：知识管理服务。

经过第一进阶的运营，可充分结合企业特点打造知识管理五层金字塔平台架构——公司级、专业级、部门级、团队级、员工级五层知识体系，满足全公司各层面的知识管理运营需求。公司级知识管理能够实现 PC 端 + 移动端全覆盖，全公司知识资源统一检索；专业级通过专委会知识地图编辑能够对全公司的技术资源进行梳理，形成体系化的专业资料目录和快速路径，进而通过公司 OA 主界面实现热点资料快速推送；部门级知识管理致力于分享管理资源，引导生产部门结合自身业务特点形成基于本部门的知识管理氛围；团队级知识管理满足跨部门项目（任务）团队内部的协同分享，并能够将资料沉淀下来形成公司知识过程资产为其他同类项目借鉴使用；员工（个人）知识管理使每位员工能够结合自身职业生涯规划，搜集公司知识资源形成"我的知识体系"，并为未来的虚拟桌面办公打下基础。知识管理平台还与培训平台、行政管理平台、研发管理平台、项目管理平台对接，形成支撑全公司运营的知识管理大平台。

在这一阶段，可结合企业实际，形成知识管理"隐性知识显性化"（the Conversion of Tacit Knowledge into Explicit Knowledge，CTE）工作流，重点关注新技术、新业务实施经验的跨部门分享，以及新业务的快速迭代和跨部门团队的经验复制。具体工作流程为：调研各部门对隐性知识显性化的需求—聘掌握该项隐性知识的人员为讲师—以讲师为中心建立该业务的跨部门知识团队—资料发布、现场（或在线）培训—培训讲师远程辅导，提升团队交付能力，从知识管理层面支撑公司新业务市场份额的增长。

由此，知识管理打通了与培训管理、行政管理、研发管理、项目管理的流程渠道，形成了支撑全公司运营的知识管理服务，将公司的隐性知识快速转化为显性知识。

第三层进阶：知识服务管理。

知识服务管理支撑企业技术体系的落地、研发管理、技术品牌管理，同时将研发成果推送到企业各个信息系统相应的需求接口，成为企业技术品牌对外宣传的资源池和支持企业科技创新的服务窗口。

C企业是典型的项目型企业，企业的核心价值链就是项目开展的全生命周期。因此，知识服务管理就是围绕项目开展的策划、投标、实施、交付、回款、总结等全过程的活动。

知识工程是从知识库中凝练高阶知识，此处的高阶指借助人工语言融合计算、技术、软件编码在内的工具化过程，核心目标是建立人工智能专家系统，由人的学习转变成机器学习，并不断提高机器学习的效率，升级机器学习系统。在这一阶段，通过由知识管理向知识工程的转化，从知识库中进一步提取与项目开展紧密相关的模块化工具，实现项目的模块化组装，提高项目交付质量与交付效率。

隐性知识显性化需要发挥员工的积极性，主动分享自己的工作经验。员工的经验、做法属于企业的过程资产，通常随其工作岗位调动、离职等原因而消失。为了对其经验和做法进行传播，传统的方法是举办现场培训，但较高的组织成本、学习成本导致效果有限。C企业发起了项目总结阶段的CTE视频化方法，通过制度规定和奖励双重激励措施，让项目实施人员按照固定格式、工具和方法，将实施经验录制视频并上传，待项目经验总结审批后项目才能结束，同时计入绩效，由此形成隐性知识显性化企业氛围。

（3）技术品牌管理

一是围绕行业技术理念、具体领域的核心技术，向产业链的上下游延伸，提出与转型业务捆绑的技术品牌，成果领先发布，树立行业创新引领影响力。二是采用立体式媒介渠道推广技术品牌。建立技术品牌宣传资源池，通过热点布局进行推送：政策热点与技术品牌结合，行业热点与技术品牌结合，重点开拓业务方向与技术品牌相结合。线上推送包括官方网站、企业微信订阅号推送及网络媒体合作；线下推广包括权威媒体报道、展会、论坛、技术品牌宣传画册等。同时，不断升级迭代技术品牌，建立技术品牌预警机制，制定技术品牌预案机制。每一项技术品牌从1.0到2.0、3.0不断迭代，不断升级技术要素、案例、知识产权，版本的迭代基于项目的实施、行业技术进步和研发成果的推动；一旦技术品牌可能被竞争对手超越或受到侵权则发布市场预警，随即传递到技术研发工作团队、法务部门，从而根据提前布置好的预案机制推动品牌维护工作。

（4）实施方法：基于云计算的 1T3M 技术管理体系实施方法

基于云计算的 1T3M 技术管理信息系统分为 4 层模块，图 7-2 为该系统的分层实施。

终端层：为虚拟桌面机（包括显示器、桌面打印机、鼠标、键盘、去硬盘化的瘦终端机），以及各种手持移动终端设备等界面。

IaaS 层：包括主用和灾备机房服务器设施：主用设施设立在企业总部计算机机房，包括 1 台 Web 服务器、存储服务器和虚拟服务器；灾备设施设立在企业分公司计算机机房，或租用外部数据中心服务提供商的计算设施。

PaaS 层：包括技术体系管理模块（TSMs）、知识管理模块系统（KMs）、技术品牌管理模块系统（TBMs）、研发管理模块（R&DMs）。

SaaS 层：包含容灾备份处理机、邮箱服务器、异地容灾备份服务器。SaaS 层通过 Internet 开展具体生产服务。

图 7-2　1T3M 技术管理体系的信息系统分层实施

这一系统总体特征如下。

一是基于私有云建立自有的技术管理体系、方法、程序、硬件系统。

二是解决传统知识管理质量分散难以管理资料的问题，形成虚拟桌面，使知识库从私有 PC 到企业级服务器上满足移动办公需要。

三是应用体系化、系统化方法解决传统程序开发在模块之间形成信息孤岛的问题，将技术管理分为技术体系、技术品牌管理、研发管理、知识管理 4 个模块，且 4 个模块之间是有机统一的过程。

四是将整体系统分为终端层、IaaS 层、PaaS 层、SaaS 层。各个层之间是从末端应用到系统控制的逐层递进的关系。

五是终端层应用：终端层是基于泛在网络的广泛应用，手机、平板电脑、传统台式机、虚拟化桌面（瘦终端）、触摸屏等都属于终端层。从以上平台登陆都可以看到系统预设的技术管理信息。

六是 IaaS 层是由存储服务器、虚拟化服务器、Web 服务器、交换机、路由器、机架及电源组成的硬件设施。维护人员可以实时修改数据而不需要停机检修，软件开发人员可以实时修改代码、增加模块，也不需要停机检修。

七是 PaaS 层是系统维护界面，包括加密器、虚拟化软件、技术管理信息系统，以及技术体系模块、知识管理模块、技术品牌管理模块、研发管理模块。

八是 SaaS 是系统登录、应用界面，登录后分类进入三大应用门户：个人、部门、企业。

（5）1T3M 技术管理体系实施步骤

步骤一：企业编制三年滚动发展规划，确定近、中、远期战略目标，进而确定业务方向，此业务方向代表企业进入的行业领域和投资布局。

步骤二：市场管理部门、技术管理部门根据业务方向确定业务单元，找到利润率高的市场业务、支撑类市场业务、打包类市场业务。

步骤三：技术管理部门根据业务单元划分完成业务单元所需的技术模块，形成技术体系，并根据层级进行编码；划分的最终依据是通过这些技术模块可以完全拼装业务单元的成果。

步骤四：技术管理部门知识管理员根据技术体系目录在知识管理平台建立

知识体系目录文件夹。知识管理系统用户登录之后即可以看到知识体系目录树。

步骤五：知识管理系统用户登录后根据目录上传文件，设置关键词过滤器，根据词汇出现的频次产生 10 个关键词，进入初审程序后，技术管理部门初审员根据初审规则检查文件所在目录是否正确并校正，文件自动添加知识编码并对格式打分；进入技术审核程序，技术审核员根据文件的技术深度、技术先进性、技术信息可复制性、直接利用预期效果等进行打分，取合计分值为最终分值。

获取的培训资料（音频、视频、各种电子文档格式），根据技术体系归类到具体的知识体系目录中。

步骤六：知识库的文件根据权限可在线浏览、修改、下载，所有上传、下载文件都需通过加密软件添加识别码（公司外网获取的文件通过该软件识别出操作人员机器端口号）。

步骤七：知识库的更新，知识管理员根据权限可在线更新文件。

步骤八：根据最新的技术体系制定研发方向指引目录，明确年度研发目标。

步骤九：确定责任人、经费、开展具体的研发活动。

步骤十：根据研发计划对研发活动进行监督、评审、验收，形成阶段研发成果或全部研发成果。

步骤十一：研发活动从知识库中提取出相关信息。

步骤十二：研发成果成为知识库的积累信息。

步骤十三：研发成果通过课题、专利、软件、硬件产品展现。

步骤十四：研发成果推送到技术品牌管理模块产品包资源池。

步骤十五：上传的设计文件目录经过筛选推送到技术品牌管理模块产品包资源池。

步骤十六：资源池中的文件根据年度评选计划，推送到"报优评优申报模块""加计减税申报模块""科技进步奖申报模块""研发成果产业化模块""基金项目"，统一对接外部市场管理信息模块，如"授权生产""专利转让"等。

## 六、市场洞察：抓住数字经济时代商机的方法

### 1. 概述

在工业经济时代，传统的市场洞察工具与方法具有普遍适用性，如 PEST 分析、SWOT 分析、波士顿矩阵、五力模型、3C 分析工具、四象限分析工具……都是普遍适用的基础工具，且具有简单、易懂、易操作的特点。本书要分析的是，如何站在这些分析工具的基础上，把握数字经济时代分析工具和方法体系，洞察数字经济时代新的商业机会及 DICT（D 为数字、I 为信息、C 为通信、T 为技术）创新点。

市场洞察是工业经济到数字经济过渡阶段的必然选择，通过趋势分析、行业分析、客户分析、竞合分析、自身分析、行动分析等维度，能够找准市场机会点，确定企业未来开拓的市场方向，培育企业能力，以获取市场份额。市场洞察是不断聚焦—不断突破—不断扩大市场规模良性循环的起点。

在做具体的市场洞察时，需要一套完整的、可操作的标准化工具，因此可以借鉴项目管理的思维搭建整套洞察体系。市场洞察的过程类似做项目，项目有投入和有产出，投入是数据搜集的各项成本（时间成本、人员成本、资料成本、调研成本），输出是 MI（Marketing Insight）数据资产，手段是各种术语工具、创新工具、思维工具、趋势工具、需求工具、分析工具、呈现工具、迭代工具。市场洞察包括社会洞察、行业洞察、客户洞察、竞合洞察、资源洞察五大过程，最后确定行动计划（定业务形态、定规划路线、定资源匹配）。数字经济时代企业输出的业务形态包括信息通信工程服务、软件产品、操作平台、商业生态。在市场洞察的过程中，服务类、产品类、平台类、生态类是区别较大的洞察过程。

此项工作也是 MI 数据的生产过程，数据的价值和数据的长期迭代过程是企业和企业团队价值增值的过程。数据有了，无论决策还是与别的企业合作，都成为企业的核心竞争力。

市场洞察分为两条主线：一条是定量分析主线，如搭建数据框架、数据录入、数据清洗、数据建模；另一条是定性分析主线，如搭建逻辑框架、查找资料、访谈调研。市场洞察是一项专业性很强的营销分析活动，需要具备哲学、经

济学、社会学、心理学、市场营销学、战略管理学等多学科的知识，需要市场洞察人员的知识传承和方法论。市场洞察的目标是获得洞察数据产值，因此洞察报告一定要落地，不能仅仅是数据和观点的汇总和罗列，只有落地才能给企业带来价值和营收，企业股东和决策人员才会持续投入做行业洞察。

具体的落地路径以华为公司为例。华为将市场洞察作为战略、营销、销售、研发的前置环节。市场洞察为战略提供趋势型的商机，为营销提供市场策划重点，为销售打开客户突破口，为研发提供业务（服务、产品、平台、生态）架构雏形。图7-3为华为的市场洞察定位。

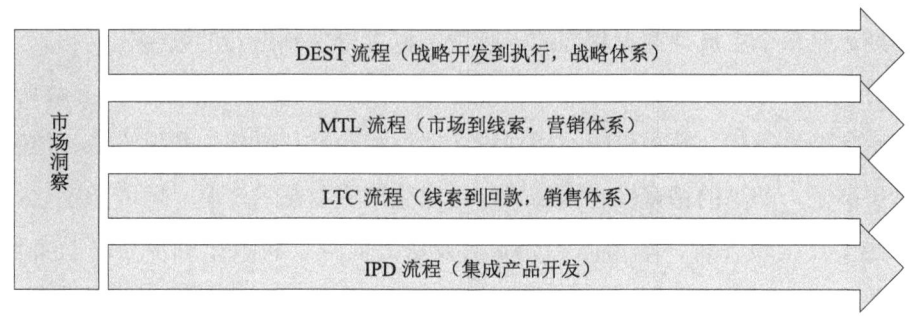

图7-3 华为市场洞察定位

**2. 趋势洞察**

（1）技术经济进化论模型在市场洞察中的应用

技术经济进化论（ROSE）模型在前文已经进行了详细的介绍，它为市场洞察指明了方向。当前，新技术、新经济形态、新商业模式概念层出不穷，我们需要关注的是这些概念背后的内在关联。以这些概念的内在关联为基础形成一个自组织系统，系统科学理论包含吸引子理论，即一个系统有朝某个稳态发展的趋势，这个稳态就叫作吸引子。吸引子分为平庸吸引子和奇异吸引子。例如，一个钟摆系统有一个平庸吸引子，这个吸引子使钟摆系统向停止晃动的稳态发展。奇异吸引子的出现与系统中某种不稳定性（不同于轨道不稳定性和李雅普诺夫不稳定性）有着密切的关系，它具有不同属性的内外两种方向：在奇异吸引子外的一切运动都趋向吸引子，属于"稳定"的方向；一切到达奇异吸引子内的运动都互相排斥，属于"不稳定"方向。过去20年，新技术、新概念此起彼伏，在智慧城市发展过程中"无线城市"这一概念在2010年前比较热门，但是慢慢不再成为主流。而"数字经济"这个概念则是一个奇异吸引子，围绕它形成了3个发展阶段的奇异吸引子，即数字化、互联网、数字孪生，其他有关的数字化技术、通信技术、信息技术等概念都向它们靠拢。

技术经济进化论对数字经济时代的市场洞察提供了核心发展趋势的指引。在人类社会发展的时间轴上，社会发展进步的结果是生产力水平的提高。自然界是一个熵增系统，而人类社会正是对抗熵增才形成了生产力。在时间轴上，每个经济发展阶段可以分为三个过程，且都有一个长尾效应，包括萌芽期、主流期和叠加期，且每个主流期都有相应的子阶段。以零部件制造业的数字化为例。工业经济时代没有数控机床，主要依靠人的经验、力度和模拟型控制器的参数调整。到了数字经济时代，数控机床将模拟设备通过模数转化升级为数字设备，控制的精度更高了，产品的精密性也提高了，可以生产更复杂的产品。随着数字化设备越来越多，呈现各种终端形态的计算机设备之间需要将数据进行互联以实现交互，此时固定互联网出现了。随着移动通信技术的发展，移动终端越来越多，移动互联网随之出现。而随着封闭式系统的物联局域网向广域网延伸，物联网也随之出现。这些过程对处在叠加期的前序经济形态带来了巨大的影响，采矿业的数字化使采矿机械更加高效，互联网使矿场和工厂之间的信息可以实时互联互通；而数字孪生阶段则是在数字化和互联网的基础上，实现从网上管理事务的孪生到物理世界的孪生，大大提高了物理世界的运作效率。我们在做市场洞察时，就要观察目标行业是所有前序经济形态的延伸还是当前经济形态的发展阶段；如果其处于当前经济发展阶段，则要判断其已经发展到哪一个子阶段。另外，还要判断处于萌芽期和成长期的先进技术经济形态能否提前快速引入，进而提升当前技术经济的发展效率。

（2）数字经济时代九大规律在市场洞察中的应用

数字经济时代的市场洞察主要考虑加速期和主流期。在加速期，数字经济与前序经济形态的持续发展形成快速赋能的叠加效应，这种叠加效应推动着传统生产方式、生活模式的变革，是变动最明显、最剧烈的领域。在主流期，从数字经济的发展子阶段来看，分为产业数字化、从固定互联网到移动互联网和物联网、互联网生态黑洞、支付门户效应、零边际成本、眼球经济等。数字经济时代创新的九大规律与趋势关系，如表 7-2 所示。

表 7-2　数字经济时代创新的九大规律与趋势关系

| 名称 | 如何遵循规律避免误区 |
| --- | --- |
| 产业数字化 | 产业数字化，需要进一步洞察产业链中数字化程度较低的领域，并将其作为突破口 |
| 从固定互联网到移动互联网 | 餐饮行业目前大部分实现了远程下单，消费支付通过移动互联网支付，移动端是价值入口 |
| 互联网生态黑洞 | 要避免将餐饮业的相关应用产品嫁接在微信、淘宝、支付宝、百度等互联网黑洞上，否则产品将失去竞争力；将产品尽量扩展更多应用，提供更多接口给商家、内容提供商、广告商，以引流 |
| 数字产业化 | 数据是财富，要牢牢把握在自己手里 |
| 支付门户效应 | 首选翼支付，并优化翼支付使用便捷性，同时兼容其他应用作为备选 |
| 零边际成本 | 应用餐饮 SaaS 云计算模式研发相关软件平台产品 |
| 眼球经济 | 餐饮软件产品、平台推广要有明确的亮点，能够吸引客户的关注，尤其是 C 类客户 |
| 数字孪生 | 解构不同的 B 类、C 类用户场景 |
| 叠加效应 | 产品需求设计中加入数字孪生、人工智能的相关新技术，增加产品的技术竞争力 |

3. 行业洞察

行业洞察是对目标行业进行宏观分析。行业洞察可以分为 PEST 分析、产业链分析、行业细分、麦肯锡九宫格、行业市场空间估值五个方面。

（1）PEST 分析

PEST 分析法，是对所要分析行业的外部影响因素，从政治、经济、社会及技术角度进行分析，从而寻找行业机会点，为行业空间分析奠定基础。

PEST 分析首先对目标行业进行定义，找到行业的边界，这是 PEST 分析的前提。确定了要分析的行业名词、术语、边界，才能确定要分析的行业政策主管部门。由于数字经济时代互联网链接了时空，因此传统工业经济行业分类边界已经被打破，这是 PEST 分析面临的挑战。

具体来说，PEST 分析主要从以下四个方面着手。

一是政策层面分析。主要分析国家或所在地区出台的相关行业政策是制约还是促进所在行业的发展;国家或该地区大力支持的行业细分领域;对区域发展的重大政策,关键是与目标行业有关的领域。

二是经济层面分析。主要分析国内生产总值增长率、目标行业占国内生产总值的比重、增长率;细分领域占比情况。这是对目标行业的规模、增长率、发展前景进行定位。

三是社会层面分析。主要分析社会发展阶段、企业消费转型变化;区域人口增长率、地理分布、区域特色、职业和商业观念等。目标行业人群的理念决定了该行业的发展方向。

四是技术层面分析。主要分析技术发明、知识的传播、技术更新的速度,商业化速度和发展趋势;国家或地区重点支持的项目、国家发展对技术提出的新要求等。目的是找出对特定行业的信息化的强制要求。

(2)产业链分析

产业链的实质就是各产业的企业之间的供给与需求关系。就一个具体的行业来说,工业经济的产业链有上游、中游、下游三大环节,是一个自下而下的展现形式,而数字经济的产业链是对这个产业链进行数字化镜像,形成基于云计算的三层架构,即基础设施即服务层(IaaS)、平台即服务层(PaaS)、软件即服务层(SaaS)。IaaS层包括现场数据自动采集感知设备、数据服务器、各种终端,这是IT基础设施作为一种服务通过网络对外提供,并根据用户对资源的实际使用量或占用量进行计费的一种服务模式;PaaS层包括虚拟计算、存储、数据库等基础设施,其是把应用服务的运行和开发环境作为一种服务提供的商业模式;SaaS提供商为企业搭建信息化所需的所有网络基础设施及软件、硬件运作平台,并负责所有前期的实施、后期的维护等一系列服务。

(3)行业细分

行业细分是在行业术语定义、数字经济时代行业边界定义、产业链分析的基础上,划分出行业的细分领域。行业细分是为了聚焦突破口和行业整合,而不是像工业经济阶段那样仅仅止于细分。对于工业经济时代的产品来说,细分是为了找到目标市场,而数字经济时代的行业细分是为了定位行业的具体细节为后续确定客户细分奠定基础。行业细分可以多层次、多维度进行,如按产业链可分为上游、中游、下游;按区域可分为省、自治区、直辖市等;按行业可分为政府、教育、医疗、金融等;按解决方案可分为专线、IDC、物联网等;按客户数可分为百量级、千量级、万量级。

(4)麦肯锡九宫格

麦肯锡九宫格就是通过九宫格矩阵,对相关因素的重要程度赋予权重并实施加权汇总,最终依据加权值确定企业在图中的地位,如图7-4所示。

市场吸引力影响因素包括市场空间、市场空间增长率、竞争缓和程度、市场规模、利润率等。竞争定位影响因素包括行业收入、销售毛利收入增长率、竞争力等。通过计算选出重点投资发展领域、择优重点发展领域,自动计算、排序形成对应的区域,得出比较直观的结论。这一方法不仅适用于行业内的细分行业领域,也同样适用于不同行业的对比选择,尤其当计算的行业越多时,对比越明显。

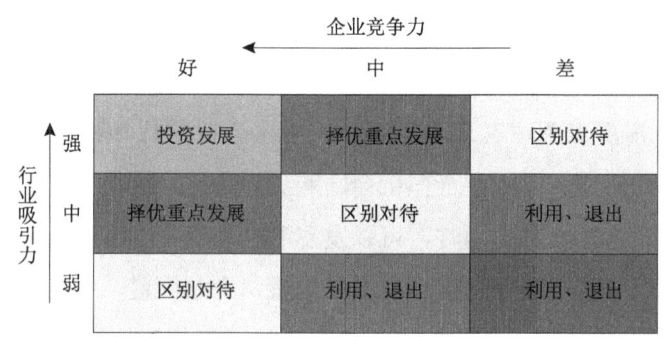

图7-4 行业吸引力—竞争能力矩阵(麦肯锡九宫格)

(5)行业市场空间估值

行业市场空间估值是对行业市场规模的预测。市场空间预测目的在于预测空间增长的趋势和可能的拐点,做大未来空间,支撑销售目标设定,支撑未来投资。行业市场空间涉及下列术语,即总有效市场(Total Available Market,TAM),可服务市场(Served Available Market,SAM),目标市场(Target Market,TM),收入空间估值(Revenue,Rev)。

总有效市场（TAM）是指针对一个细分行业或者多个细分行业的组合，某企业已经有相应产品或产品规划，但这些产品不可能对接客户所有需求，只是部分需求，因此估计的市场是根据行业细分领域得出的估值。可服务市场（SAM）是由于客观原因（如认证条件、自然垄断、特许经营等）无法进入的市场；目标市场（TM）是不希望参与的市场，如成本较高、利润比较低等；收入空间（Rev）是剔除竞争因素导致市场流失后某企业占有的市场份额。

**4. 客户洞察**

客户洞察的目的是找到目标客户，并深刻洞察客户需求，为制定商业模式提供客户需求基础。客户洞察主要分为客户细分、客户声音、客户行为、社交媒体四个步骤。其中，客户细分是制定战略和营销策略的开始，能够找到具备相同特征及需求的客户群，从而确定不同类型确定客户。

（1）客户细分

客户细分指一群人或组织共享一个或多个特征，这些特征会产生类似的产品或服务需求。客户细分需满足 3 个不同的标准：与其他的细分明显不同；在细分内部具有同质性；对市场刺激的反应相类似。

客户细分需重点关注客户购买特点、对本企业的认知程度、客户的主要需求、客户的合作伙伴、能否有合作机会、购买趋势等。这些信息决定了客户的价值。在洞察客户这些信息的同时，可以发现洞察难度随着洞察信息类型的不同而不同。例如，企业的工商登记信息、员工数量、企业位置、产品简介都比较易获取；而客户的数字化战略、投资计划、业务特点等相对比较难获取；客户的服务需求、产品需求、采购标准与频率、内部制度与机制、关键决策人员等更难获取。

客户细分的作用是把握价值客户，以客户细分为基础作出取舍，制定有竞争力的差异化的战略。客户分为核心客户、价值客户、一般客户，针对不同的客户群体，可以投入不同资源。

（2）客户声音

客户声音就是洞察客户的需求，倾听客户的痛点，进而判断业务与产品的方向。不同的客户需求往往有其客观规律，同时也有不同发展阶段的差异。上文已经提到过 G 类、B 类、H 类、C 类客户需求的特点，而客户声音就是摸清客户心理、找到客户痛点、分析客户群体需求背后的共性。

客户心理就是客户（包括现有客户和潜在客户）对已有产品或服务的相似性和差异性的感受，以及他们认为产品的哪些属性对于他们的购买决策具有最大的影响作用。客户心理是客户对产品的基本诉求，但由于其是客户基于自身感受提出的，不一定全面，因此需要多调研、多收集。关键人物的信息往往具有最高价值，其对行业特点有全面的认知，因此，访谈关键人物要有充分的准备，一般有制定访谈提纲、收集细节、倾听与引导、清晰复述四个重要环节。在制定访谈提纲时，问题不在于多，而在于精，以 3 个问题为宜；在访谈时要关注细节，尤其是行为语言；要倾听和引导，当客户跑题时，要及时引导其回到访谈主线上来；要清晰复述，复述是默认对方的观点和陈述，以确认信息有无误解，与对方达成共识。

（3）客户行为

客户行为分析是针对行业典型或重要的客户进行分析，以便更好地理解客户，维护客户关系，识别渠道伙伴。

典型或重要企业客户的洞察范围包括以下五点。

①总体概况：客户企业概况、竞争地位、服务市场及其客户等。

②战略与痛点：业务战略、业务痛点、IT 战略、IT 痛点、战略特质。

③ICT 发展阶段或空间：ICT 建设进展、ICT 资产、ICT 投资。

④采购：采购特点、中高管分析。

⑤友商选择：合作伙伴选择、友商选择、友商分析。

（4）社交媒体

通过社交媒体也能进行客户洞察，如合作伙伴对客户评价、政府与社会媒体对客户的评价等。此外，还可通过客户的官方网站、三微（微信、微博、微视）一抖（抖音）收集相关信息或者从相关方对客户的评论中找到新商机，进而梳理客户特点。

### 5. 竞合洞察

市场上有很多企业，创业企业看到的行业机会、价值客户可能早已被竞争者、合作伙伴盯上，因此要分析竞合格局，洞察目前高价值客户领域已经存在的典型企业；分析重点玩家的商业模式，然后得出竞合预测，进而分析出最佳商业模式。

进行竞合洞察时，最关键的是基于博弈论，不仅要对自己的产品创新，还要看竞争对手是怎样的打法，有哪些举措，从而作出判断和行动。这样，对于创业企业来说所做的决策才不是盲目的。举例来说，假设有两辆车，一辆跑车（快车）和一辆老爷车（慢车），跑车速度快，老爷车速度慢。有两条不同的道路，一条快道，但是红绿灯特别多，而且容易发生道路拥堵，且拥堵时间不确定；一条慢道，没有红绿灯，但路况不好，速度慢。两辆车谁先到达终点谁就能赢得奖杯。这种情况下，如果被抽中驾驶跑车应该走哪条道？如果被抽中驾驶破旧的老爷车选择走哪条道？

实际上，无论选择走快道还是慢道，竞争者心里也没底，因为市场不止一家企业，你不仅要关注自己的条件，还要观察竞争对手采取的是什么策略。如果对方是快车选择走快道，那么慢车走慢道也许可以出奇制胜；如果对方走慢道，那慢车可以走快道去碰运气。如果只有一个赛道，外界条件一样，胜负则取决于车速。这就是竞合洞察，通过分析竞争环境、竞争格局为企业商业模式打基础。

竞合洞察第一步是对竞合格局进行描述，包括市场细分、重要客户名称、合作伙伴、解决方案、核心能力等，通过分析整理出头部玩家，进而从市场分类、客户分类、客户产品等维度对竞争格局进行分析。

竞合洞察第二步是对重点玩家进行分析，包括以下三个方面。

①市场表现，包括业务收入、市场份额、营销能力、产品（服务）品牌、产品（服务）价格和利润、主要客户及其倾向、产品及解决方案、商业模式、交付水平等。

②业务能力，包括行业理解、市场洞察、客户侧顶层设计、客情关系、商机获取和转换、自主研发、集成能力、定制开发、竞争策略、生态建设、盈利

③治理水平，包括战略关注度、投资与经费、跨部门协同、考核与激励、执行力等。

通过以上分析可以得出：谁是竞争对手？谁是标杆？谁是合作伙伴？接下来，可以以基础设施价值、业务价值、中小型企业、大型企业为维度形成四个象限，对属于不同象限区域的公司竞争合作态势进行定位。标杆型企业是竞争区域地区已经有了一定的明显优势和业绩的企业，可以作为标杆来学习，是短时间内无法超越的，而竞争对手则与自己实力相当，需要对其竞争态势和发展轨迹进行预测；另外还有一些企业属于合作伙伴范畴，能够与本企业开展产业链上的合作，是可以争取的外部资源。

6. 资源洞察

资源洞察就是从客户视角、竞争对手、业界最佳或同类标杆、投资者期望、自我追求等维度评价自身资源的优劣势。

在进行资源洞察时，要对已有的客户资源、管理资源、基础设施资源进行分析，且必须分析所立足的层面能够用到的资源，如子公司如果能够协调总部集团的资源，则可以纳入资源优势范畴。企业的资源一定得基于当时当地所拥有的资源进行匹配。

7. 行动计划

行动计划就是对趋势洞察、行业洞察、客户洞察、竞合洞察、资源洞察进行总结后对企业业务形态、发展路线和资源匹配计划的总体建议。首先，根据发展趋势确定业务主体方向，通过分析眼前的商机、团队的能力确定业务形态，即是提供服务、产品、平台，还是打造商业生态。其次，根据业务形态确定业务发展路线图，包括近期目标、中期目标和远期目标。再次，在这些目标基础上进行资源匹配，即能力开发。最后，在实施的过程还需要根据外部政策、竞争态势、企业战略调整等进行诊断和对标调整，最终进行业务输出，包括业务内容、营销渠道、产品形态等，进入不断的迭代循环阶段。

(1)定业务形态

根据客户洞察和资源洞察确定业务的具体形态,包括提供服务、软硬件产品、软件平台、商业生态等类型。不同的类型其投资的规模、长尾效应的水平也不同。以提供服务来说,包括系统集成服务、工程实施服务、通信服务、专线服务、云服务等类型,服务的种类比较多,也是竞争相对激烈的领域,其利润也最低。通常情况下,当进入一个行业没有明确的目标时,一般可以通过提供服务来快速切入目标市场。提供产品往往是提供硬件或者软件形态的交付物,提供平台以提供软件为基础,平台则涉及客户的内外部合作伙伴或者供应商,而生态则是终极业态,是企业本身的生态,其将各类客户和客户的客户融入其中,并提供开源平台给其他内容提供商。最后,产品、服务、平台供应商、生态平台可以在规模、流量做大后形成垄断利润,进而形成超额利润。

(2)定发展路线

①发展规划。从行业洞察中确定行业空间规模,针对行业的空间规模确定业务产值规模,进而确定业务形态是否延伸,计划产出规模是多大。产出计划是在行业洞察且进行行业空间分析后,提出的相匹配的市场占有率目标,包括长期行动计划、中期行动计划和短期行动计划。

②业务开发。业务开发方面包括业务架构描述及产品大致功能描述。行业架构师要根据业务形态对本行业的需求进行解构,形成解决方案、产品或平台架构说明书,架构说明书要涵盖具体的功能模块,以便形成概要设计,为后续的详细设计打下基础。

③业务诊断。业务诊断包括竞争预判和业务竞争力诊断。当企业采取某种业务方案后,将会采取一定的措施,此时,企业洞察者需要提前预判竞争对手将会采取什么样的竞争打法,以提前形成资源储备和预案。业务诊断包括三个方面:竞争预判、业务诊断、业务输出。竞争预判指采取行动后,竞争博弈预判与博弈战术打法。业务诊断指实施过程中的诊断或业务诊断评估建议。业务输出指当前业务版本的输出案例,或者正在开展中的业务案例描述。

**8. 市场洞察案例：智慧社区市场机会**

（1）趋势洞察

以智慧社区为例，先要确定社区、小区、园区、物业、社区服务中心、街道、区等概念术语边界。

社区（包括城市中的园区）是城市最基层的行政组织组织，社区—街道—区（县）—城市，这条主线是城市管理的脉络。"智慧社区"是以居民社区为基本考察单元，实现社区智慧治理、智慧物联、智慧生活服务的区域。通过智慧社区的趋势洞察能够确定整个行业的投资规模、行业客户的分类及客户的突破口。从电信运营商视角看，围绕智慧社区获得的收益价值包括三个部分：智慧社区物联、智慧社区云平台批发和零售、民生服务的商业平台价值。此外，商业平台也带来了边际收益机制，如天翼云、翼支付、5G用户增量、宽带用户增量、专线增量、高流量电商平台价值、检索和交易数据价值等。

（2）行业洞察

①行业市场细分。

按照横向空间市场进行细分可分为社区政务与治理、社区物联服务、社区商业服务三个市场领域。

社区政务与治理市场包含13.5万个子市场，主要功能是提供智慧社区云平台或相关管理软件。

社区物联市场对接小区物业智能化、信息化设施，对社区内的公共设施实施管理。

社区商业服务为居民提供商业配套服务的信息推送，促进社区与居民之间、居民之间的互动，搭建网络交易平台，实施网络服务。

按照时间维度，社区可分为老城区社区和新城区社区。老城区社区的信息化程度比较低，存在老旧社区信息化基础设施改造的迫切需求。

②市场发展趋势。

政治方面，一是社会治理重心向基层下移；二是政务服务向基层下移；三是治安治理下沉；四是老旧社区的智能化改造。

经济方面，社区经济作为一种优化资源的配置方式，可将社区内互不相连的各种经济成分联结为利益共同体，建立一种新的经济生产方式，从而带动社区乃至更广区域的经济发展。国家统计局的调查表明，我国大中城市居民对社区服务普遍有较高的要求，需要各项社会服务的家庭数量占全部城市家庭的70%以上，这说明第三产业中覆盖面极广的社区服务市场潜在需求很大。

社会方面，未来小区建设的发展方向可归纳为"六化"——集成化、网络化、数字化、无线化、智慧化、模块化。智慧社区整体城镇化率呈逐年上涨态势。2030年，中国城镇化率将达到70%，对于智慧社区的信息化管理需求是刚性需求。智慧社区是在智能建筑的基本概念基础上扩展和延伸出来的，以小区为组成单元，以先进、可靠的传感网及通信网为基础设施，整合内外部资源，平衡社会、商业和环境需求，实现住户、社区的生活设施、服务设施、周边商业的智慧化管理。2014年，中华人民共和国住房和城乡建设部办公厅印发《智慧社区建设指南（试行）》的通知，明确了智慧社区的指导思想和发展目标、评价指标体系、总体架构与支撑平台、基础设施与建筑环境、社区治理与公共服务、小区管理服务、便民服务、主题社区、建设运营模式、保障体系建设等。智慧社区的内容囊括了家居安防、高速上网、视频娱乐、数字社区等多方面数字信息化服务，通过服务的整合，可以让用户足不出户享受一站式服务的便利。

（3）行政区划维度的各类市场发展趋势

省级市场。省级市场对智慧社区的需求不具体，因此省级市场还不是目标市场。省级市场智慧社区发展基本上由各省民政部门指导各地开展具有地方特色的社区信息化建设，促进社区信息资源互通融合，推动基层治理和服务创新。省级市场能逐步强化社区建设的政策引领和统筹推进。

市级市场。采取社区公共服务综合信息平台在本市筹划部署和建设，指导街道（乡镇）、城乡社区层级统一应用的社区信息化建设运行模式。

城市区级市场、县级市场。这一级市场对智慧社区的信息化接受程度不高，但是未来也将向中小型城市看齐，属于培育型市场。

街道级市场。条块分割的管理体制造成社区政务办理和信息化系统各成系统、难以整合。以社区政务和公共事务办理为例，社区便民服务中心一般设有4

个以上的窗口分别办理党群、民政、社保、就业、残联等业务,各职能部门的窗口各自开发系统,自成体系。各职能业务之间流程孤立、互不衔接。为了达到工作流平台的统一,社区不得不采用"一电脑多系统",甚至"一窗口多主机"的方式为居民办理各类政务审批和公共服务事项。

社区级市场。社区信息数据是智慧社区建设的前提和基础。一方面,当前城乡社区还缺乏有关当地人口、地理、房屋等基础要素的详细数据,即使有部分数据也停留于纸质档案,尚未完全数字化,较难及时更新。另一方面,各个职能部门在社区各自采集、汇总、录入相关基础数据,社区层面缺乏一个统一、权威的数据交换平台作支撑,导致信息不能共享,严重影响社区管理服务效率和智慧社区效果。

(4)按照横向功能划分的市场发展趋势

治理功能发展趋势。社区(包括城市中的园区)是城市最基层的组织,社区—街道—区(县)—城市是城市管理的脉络。回顾我国智慧城市的发展,已经走过了两大发展阶段:第一阶段是边做行业信息化、边进行横向整合及业务协同,侧重政务信息化的内容;第二阶段是一些新城、新区吸收前一阶段其他地区经验,先集约打造云计算中心、运营中心、大数据平台等基础设施和共性能力,再开发建设行业应用系统。然而,两个阶段都是基于行业垂直管理的线条,数据的颗粒度太大,无法进行精准分析;同时,数据容易失真,不能反映真实的基层信息。因此,其未来的发展关键在于数据精准化。

物联功能发展趋势。从智慧城市的载体来看,智慧城市必然经历数字化、互联网、数字孪生三大阶段。传统意义上的智慧城市做到了对于行业管理的数字化、互联、管理活动孪生,而对于物理空间还没有做到孪生,目前仅停留在BIM(建筑信息模型)阶段,而CIM(城市信息模型)则建构在BIM之上,可以说,从BIM到CIM再到智慧城市是一脉相承的关系。

社区商业配套发展趋势。社区商业覆盖了家居生活服务、环境综合治理服务、医疗卫生服务、社区少年儿童服务等各类社区综合性服务。国外社区商业模式数据显示,在人均国内生产总值超过3000美元之后,社区商业所占消费零售总额的比例一般在40%~60%。这个数据目前在中国一线城市如上海,也仅有

30%，可见国内社区商业发展空间巨大，被称为"消费金矿"。

（5）行业市场空间预测

行业市场总空间包括3个部分：智慧社区管理平台、智慧社区物联服务、智慧社区商业开源平台。

智慧社区管理平台。根据目前政府经费预算，每个街道信息化预算规模为每年80万元左右，按照每个街道10个社区计算，每个社区平均在智慧社区投入8万元左右。以此类推，全国13.5万个社区（含乡镇社区，下同）计算，投入规模预计在百亿元左右。

智慧社区物联服务。主要任务是对接智慧物业中的物联网平台及街道内的智能网联设施。按照每个街道每年预算30万元计算，全国13.5万个社区，市场预计估值为40亿元。

智慧社区商业平台。据赢商网统计，2020年全国城镇住宅物业面积达300亿平方米，国内社区服务市场规模达13.5万亿元。老旧小区改造，是一项涉及居民超过4200万户、建筑面积约为40亿平方米、投资总额高达4万亿元的民生工程。老旧小区改造包括三类内容：第一，保水、电、气、路等基本的配套设施，如垃圾分类设施的配套、供暖设施、装电梯等；第二，提升公共活动场地，有条件的地方配建停车场、活动室、物业用房等基础设施；第三，完善公共服务类的内容，包括完善社区的养老、抚幼、文化室、医疗、助餐、家政、快递、便民、便利店等。由此可见，老旧小区改造市场空间巨大，以智慧物联为主，如智能化监控数据上传、小区出入智能门禁系统数据上传等，以此拓展老旧小区社区治理与商业服务范畴。

当前，智慧社区的可参与空间非常广泛，但是优质客户主要集中在城市地区，因此目标市场空间应围绕城市中的社区开展。

（6）客户洞察

将客户进行细分可按以下两个方面进行。

一是按照层级进行分类，分为省级客户、市级客户、区级客户、街道级客户、社区级客户。从规模化来说，智慧社区产品的客户层级越高越，规模越经济。目前，普遍从市级以下的层面进行推动，可以通过智慧城市公共安全层面统一布局整个城市基于流动人口管理、车辆管理、安防的安全管理体系，但目前安全体系还没有做到社区这个层面，以社区安全为切入点统一布局整个城市的智慧城市安全体系非常有必要。

区级及街道级客户通常是社区的信息化部门管理，应该以这两个层面的公共安全为切入点推动整个平台的不断延伸。可以说，安全是第一位的刚性需求，包括社区警情、安全管控、设施安全、小区内安全数据的报送等。

二是按照产品需求进行分类，存在三种应用之间的组合：社区治理、社区物联网、社区民生服务。社区治理层面包含的内容比较多，因此社区治理需要一个以街道为中心的统一平台。社区物联网层面，智慧社区系统集可视对讲、家居安防、非接触卡门禁、周界防范、电子巡更、网络化停车场、家电控制、无线安防、远程交互等系统于一体，集成度很高。所有这些子系统都运行于同一网络平台，所以称之为物理网化产品。社区民生服务层面，以"互联网+"为载体的智慧社区的出现，把众多商业链条和家庭有效地进行链接，构建起了庞大的商业生态圈，形成了更多的商机。

（7）竞合洞察

从行业竞合格局来看，可根据市场细分、客户、产品或解决方案等维度绘制作战地图。目前，竞争格局由互联网巨头、电信运营商、视频监控提供商、生活服务电商、智能化集成商构成。表 7-3 是 TOP10 企业主要产品及服务列表。

表 7-3　TOP10 企业主要产品及服务

| 排名 | 企业名称 | 主要产品及服务 | 类型 |
| --- | --- | --- | --- |
| 1 | 腾讯海纳 | 搭建在微信体系上的智慧社区平台，一体两翼，蝴蝶模式，海纳平台角色各关系 | 互联网巨头 |
| 2 | 中电鸿信 | 提供社区治理和智慧物联两类独立的产品和融合级产品，重点面向 G 类客户 | 电信运营商 |
| 3 | 海康 | 重点面向智能监控、人脸识别、数据分析平台领域 | 视频监控提供商 |
| 4 | 乐生活 | 线上云平台、社区超市、智能家居、周边商业等物业服务及社会增值服务平台 | 生活服务电商 |
| 5 | 平安智慧城市 | 平安智慧社区解决方案，实现了智慧社区中国的智慧安防、智慧门禁、智慧车牌识别 | 智能化集成商 |
| 6 | 海尔·海纳云 | 万物互联的 IoT 平台，硬件+软件服务解决方案，聚焦用户痛点，提供可持续迭代的解决方案 | 智能化集成商 |

续表

| 排名 | 企业名称 | 主要产品及服务 | 类型 |
|---|---|---|---|
| 7 | 多度智慧社区 | 汇聚社会安防终端数据,构建云平台及数据采集平台 | 智能化集成商 |
| 8 | 科达 | 依托视频监控、人脸识别闸机等前段设备,用视频科技赋能行业客户 | 智能化集成商 |
| 9 | 华数 | 广播电视网络平台和公共信息服务基础网络等,立志在世界数字化的舞台上争创一流 | 智能化集成商 |
| 10 | 小米科技 | 互联网电视及智能家居生态链建设,专注于智能硬件和电子产品研发 | 智能化集成商 |

从表7-3可以看出,大部分智慧社区供应商实际上主要面向物业提供服务,只有头部企业与智慧社区联系比较紧密,下面选取4家头部企业进行竞争格局分析,如表7-4所示。

表7-4 竞合格局

| 类别 | 维度 | 腾讯海纳 | 中电鸿信 | 海康 | 乐生活 |
|---|---|---|---|---|---|
| 细分市场 | 治理型 | ★★ | ★★★★★ | ★★★ | ★★ |
| | 物联型 | ★★★★ | ★★★★ | ★★★★ | ★★ |
| | 商业型 | ★★★★★ | ★ | ★ | ★★★★★ |
| 客户 | 区级以上客户 | ★★ | ★★★ | ★★★ | ★ |
| | 街道级客户 | ★★★★ | ★★★★★ | ★★★★★ | ★★★★ |
| | 社区客户 | ★★★★★ | ★★★ | ★ | ★★★ |
| 产品 | 开源平台 | ★★★★★ | ★ | ★★ | ★★ |
| | 定制产品 | ★★★★ | ★★★★ | ★★ | ★★★ |
| | 云化产品 | ★★★ | ★★★ | ★★★ | ★★★ |

注:★代表竞争力强弱。★代表微弱,★★代表较小,★★★代表中等,★★★★代表较强,★★★★★代表很强。

目前,以上企业大部分集中在视频监控领域,只有少部分企业关注智慧社区的全覆盖生态,其中最为头部的企业是腾讯海纳。下面重点分析腾讯海纳的打法、资源、策略、市场表现、业务能力等。

2017年12月22日,在2017腾讯"互联网+"生态合作伙伴峰会上,腾讯公司正式发布首个智慧社区开放平台——腾讯海纳,通过云计算、大数据、人工智能等技术连接物业、居民、政府、媒体和社区服务提供方，形成"互联网+社区"一站式解决方案，打造智慧社区健康生态。简言之，腾讯海纳是腾讯公司智慧社区开放平台。

市场打法。腾讯海纳结合了腾讯云智慧社区业务的数据处理经验，形成了以"海纳业务中心"为技术核心，包含智慧社区服务、智慧社区安防两套应用场景在内的全新智能社区模式。一个能力中心+两大应用场景的组合，使这一全新模式呈现如展翅"蝴蝶"般的"一体两翼"特征。"一体两翼"的共同驱动，引发智慧社区变革的"蝴蝶效应"。据介绍，基于"海纳业务中心"这一社区智慧大脑，腾讯海纳2.0除能为社区居民提供一站式物业、社区商业、民生等基本生活服务外，结合腾讯优图图像大数据技术，还能针对社区人员、房屋、事务、车辆等安防管理需求建立警民联动安防系统，有效提升社区安全预警的高效性和智能化，切实加速社区的智慧连接。❶ 图7-5为腾讯海纳市场商业模式。

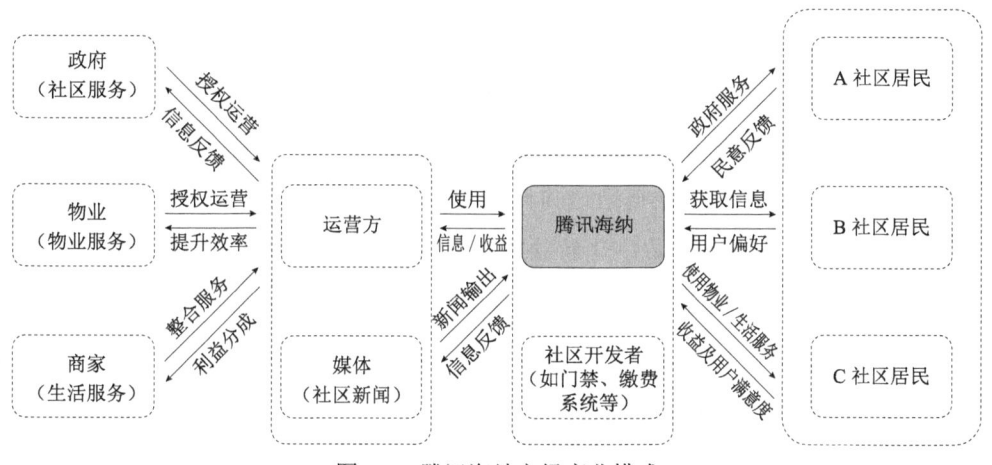

图7-5 腾讯海纳市场商业模式

资源优势。致力于打造智慧社区开放平台的腾讯海纳，通过物业授权的微信服务号连接社区服务各环节，形成智慧社区健康生态。据悉，基于微信、QQ、QQ浏览器、腾讯新闻、手机管家五大顶级流量产品，QQ与微信的月活跃用户加起来就达到了17亿。腾讯海纳搭载起了面向物业管理公司、政府和商家的开

---

❶ 唐怀坤. 街道：电信运营商智慧社区云产品的突破点 [J]. 通信世界，2020（28）：33-35.

放平台,通过微信公众平台,以智慧社区开放平台承载物业管理服务,快捷、精准地触达社区居民,降低运营成本,提升服务效率,消除物业与业主之间的沟通障碍。

策略。腾讯海纳基于其"一体两翼"的蝴蝶模式,以"腾讯云未来社区业务中台"为技术核心,助力智慧社区服务建设、智慧社区安防建设,打造智慧社区新模式。在用户数据方面,统一注册、认证,将用户数据留存,以便在未来形成海量真实的用户群体。当用户达到一定的量级之后,在社区形态下的商业会自发性生长。在服务商方面,其在下游整合了各类服务厂商,这些服务资源将为腾讯搭建智慧社区构筑基石和城墙,更多的城市生活服务将会下沉到用户居住的社区维度。在物业资源方面,众多中小型物业企业的联合将在一定程度上推动物业服务的改变,进而逐步产生一些新型的社区形态。在占据入口方面,其在一定程度上脱离了已有的物业管理系统。也许有一天,物业软件将更加专注于专业性管理,用户服务和互动将由微信公众号和更多的第三方服务商承载。

市场表现与业务能力。腾讯海纳在新冠肺炎疫情期间提供无接触社区管理方案,持续迭代和推出"社区电子出入证+人脸识别门禁+无接触自动体温测量"一站式社区通行方案,能够实时身份识别并预警记录上报。作为腾讯云旗下的智慧社区平台,腾讯海纳自新冠肺炎疫情暴发以来一直积极尝试通过数字技术为全国各地社区抗疫提供数字化解决方案。2020年2月8日,腾讯海纳率先上线电子出入证,在疫情期间免费开放供全国所有小区使用。目前,全国已有超过2000个小区完成了海纳配置和上线疫情防护菜单。腾讯海纳通过与当地政府合作建立了快速的业务推广模式。

(8)总结与建议

第一,整个智慧社区的优质市场空间有1148亿元人民币,目前市场竞争不激烈,主要有腾讯海纳等互联网云产品,且已经到了窗口期。

第二,智慧城市建设的定位是:城市管理的信息化无论是智慧城市的建设理念、信息化顶层设计,还是云计算、大数据、物联网、5G等各种新技术的应用,首先应服务于城市的生存,其次才是以此为载体应用于产业的发展、城市设施的便捷。智慧社区是智慧城市一个重要的出发点。

第三，智慧城市的发展需要做到产业数字化与数字产业化，而数字产业化的本质就是数字孪生，没有数字孪生的智慧社区，智慧城市无从谈起。然而，目前数据聚合与数字孪生缺少底层数据，无法完成从"管"社区到"理"社区，社区的信息化仍处于依靠人工填报数据的阶段。社区居民的归属感不强，互联网化本地消费不足。所以，整个社区需要依靠智慧社区的平台达到社会化的参与，激活社区配套商业生态，填补真空地带。智慧社区在连接政府、企业、用户过程中起到了核心作用。智慧社区不能单一地作为一个产品，而是要作为一个生态产品，所以需要我们从工业思维转变到互联网生态思维，从"大而全管理思维"转变到"兜底思维"，从"思维架构"转变到"需求架构"，推动智慧社区生态平台标准化与数据接口标准化。智慧社区是云网融合的结合点，是运营商面对互联网公司竞争翻盘的机遇窗口。

就行动计划来说，可分为近期行动计划和中远期行动计划。

①近期行动计划（2020—2021年）。

首先，立足智慧城市，与智慧城市顶层设计公司合作。目前，智慧城市的发展逐步从传统的建设模式向数字孪生城市方向发展，而智慧社区本身带有数字孪生基因，因此要从城市的层面自上而下布局智慧社区，点带面推动整个社区平台的发展，形成智慧社区产品的"批发方案"，进而形成顶层规划设计＋产品＋平台开源服务的数字经济新型业态。

其次，以疫情时局为突破口，与街道层级客户建立合作关系。智慧社区的发展关键是面向政府客户扎根社区，因此街道级G类客户是智慧社区"零售"方案的目标。

最后，面向智慧社区产品架构，在现有智慧社区平台上形成移动支付、云计算、开源平台三大功能，形成智慧社区生态基础。

②中远期行动计划（2022—2025年）。

一方面，通过利益机制转动社区的飞轮。从长期利益机制来说，社区的安全始终是刚需，是智慧社区生态产品飞轮转动的切入点。因此，可以以此为基础，推广智慧社区产品，吸引B类客户入住智慧社区开源平台，在产生政务服务、电商服务基础上，打通支付入口，进而带动本地通信话务、流量和用户增长。此外，通过掌握资金流和数据流，可以对接智慧城市总体平台，进而形成全国智慧社区大数据中心，在国家、省级、市级等层级形成基于基层真实动态数据的民生动态。

另一方面，形成半小时互联网生态。目前，以阿里巴巴为代表的电商平台垄断了 3～7 天的互联网生态圈，京东则垄断了 0.5～2 天的互联网生态圈，而半小时生态圈是电商真空地带。因此，长远来看，半小时生态圈是努力的方向，可依靠网路优势、渠道优势、存量用户发展半小时服务生态圈，让内容提供商在这个开源平台上服务。

# 第八章

## 数字经济解码方法应用分析
## ——以建筑产业为例

# 一、基于技术经济进化论的建筑产业分析

## 1. 建筑时代的 VUKA 现象

虽然现代建筑无外乎结构系统、外围护系统、设备管线系统和内装系统四个系统，但是近几年建筑行业出现了越来越多的理念，如建筑工业化、装配式建筑、BIM（建筑信息模型）、CIM（城市信息模型）、数字化建筑、建筑数字化、智能建筑、建筑机器人、被动式建筑、绿色建筑等，这些新名词让人眼花缭乱。它们之间是什么关系？未来建筑行业在技术发展主线上将往何处去？其遵循什么样的社会发展规律？显然，建筑行业在数字经济大潮的冲击下，充满了各种复杂性、不确定性、模糊性、易变性，但是掌握了技术经济进化论，就有了解决之道。

## 2. 基于技术进化论视角的建筑技术演进趋势

根据技术经济进化论，整个社会的技术经济发展经历了采集经济、渔猎经济、农业经济、工业经济、数字经济和智能经济六大阶段，每个阶段出现了不同的建筑形式。采集经济时代人们多为树居、穴居；渔猎经济时代人们用植物茅草和树枝搭成简单的巢居；农业经济时代的建筑多采用木制材料或石制材料；到了工业经济时代，多为钢筋混凝土结构和钢结构。

建筑产业链与其他产业链不同，建筑是在一个用户最终使用的地点进行集体施工、制造、验收、交付，涉及业主方、建筑材料供应方、设计方、施工方、监理方、政府监管部门等多个单位，产业链较为复杂，因此在工业经济、数字经济、智能经济演进这条道路上，建筑行业演进速度比较缓慢，且呈现各项技术交

叠影响的现象。总体来说，建筑在机械化时代呈现为工厂建筑原材料工业化生产和施工现场机械化作业；电气化时代呈现为工厂内工人与电气设备协作，预制件标准化和流水线作业；模拟电路时代呈现为建筑材料机床作业；数字化时代，各参与方通过平面数字化模型协作；互联网时代，建筑产业各参与方与预制件工厂的建筑工业互联网协同，产业链各参与方的参与形式和上中下游的位置发生了变化；数字孪生时代，每一项建筑活动都映射到了数字世界中，人们通过作用于数字世界来实现物理世界的变化，也就是建设通过BIM、数字孪生实现；到了专用人工智能时代，标准化程度高的领域采用工业机器人；而在通用人工智能时代，建筑设计工作量的50%以上、预制件工厂80%以上的工作、建筑施工现场90%以上的工作将由机器人来完成。不同的领域、不同的建筑环节又呈现出明显的交叉发展特点。当前，有的建筑设计环节已经实现了VR（虚拟现实）设计，某些建筑施工环节的工作已经由砌砖机器人、钢筋机器人来完成。就我国来说，虽然数字经济阶段的建筑技术已经在使用，但是总体来说还处在建筑工业化阶段的装配式建筑的早期与现浇式建筑的后期，这一阶段建筑预制件的标准化、流水线生产呈快速增长的态势。

工业经济第一个阶段是机械化时代，主要生产初级建筑原材料，如钢筋、水泥、砂石，现场采用现浇形式施工，而现浇建筑带来噪声污染、空气污染、无法模块化、灵活度低的问题一直是行业的难题。建筑工业化是建筑的必然趋势，传统意义上的工业化建筑主要指装配式建筑。当前，美国、德国、日本、法国等发达国家装配式建筑的比例已经达到了80%以上，我国目标是力争到2025年使装配式建筑占新建建筑的比例达到30%。阻碍我国装配式建筑发展的主要因素是传统作业模式的路径依赖、产业链发展不成熟及财税体制（预制构件增值税）不合理。

由于各种装配建筑板材、预埋件、孔洞设置、管孔都是提前在工厂预制，大大减少了现场的工作量，而这也相应提出了部件的国标化、通用化要求。地面部分和地基、地下建筑部分同时施工，大大提高了项目的响应速度，缩短了建设周期，进度及成本提前可控，有利于项目进度管理。据统计，如果全国统一规范，建筑产业链完善，数据中心采用装配方式建设，将缩短50%的工期。快速的市场响应带来的是资金、时间成本的节约和市场机会的把握。2020年9月，住房和城乡建设部等9部门联合印发了《关于加快新型建筑工业化发展的若干意见》，要求将标准化理念贯穿于新型建筑工业化项目的设计、生产、施工、装修、运营维护全过程，以新型建筑工业化带动建筑业全面转型升级。2000年，住房和城乡建设部、国家发展改革委员会、教育部等7部门联合印发《绿色建筑创建行动方案》，要求到2022年，城镇新建建筑中绿色建筑面积占比达到70%，星级绿色建筑持续增加，既有建筑能效水平不断提高，住宅健康性能不断完善，装配化建造方式占比稳步提升，绿色建材应用进一步扩大，绿色住宅使用者监督全面推广，人民群众积极参与绿色建筑创建活动，形成崇尚绿色生活的社会氛围。

工业化时代到数字化时代的建筑设计最典型的变化是手绘设计到CAD（计算机辅助设计）的转变，可划归为第一次建筑工程数字化革命，而从CAD到工业互联网协同设计则是第二次革命，从建筑工业互联网到BIM的演进可以视为第三次革命。运用BIM技术构建的建筑施工管理平台能够将施工图纸、施工进度、建筑项目投资成本、建筑项目施工质量、建筑项目作业清单、项目人力资源需求、施工材料采购等多种互相影响的项目产品要素纳入管理系统。从CAD到建筑工业互联网再到建筑孪生BIM时代，正好对应数字经济的三大阶段。在建筑领域，三大阶段呈现叠加并行发展的状态。

## 二、基于数字经济发展三大阶段的建筑行业

### 1. 建筑业数字化

2018年，全国建筑业总产值23.5万亿元，同比增长9.9%，高于当年国内生产总值增速；2019年，全国建筑业总产值24.9万亿元，同比增长5.7%，低于当年国内生产总值增速。自2013年以来，建筑业总产值增速总体呈下滑态势，建筑业作为国民经济支柱产业，其平均利润率仅为1%～3%。麦肯锡研究院在《数字时代的中国：打造具有全球竞争力的新经济》中分析了各行业数字化总体发展状况与生产率增长之间的关系，指出数字化总体发展状况与生产率增长呈正相关：数字化程度越高的行业，企业收入通常也越高，其平均利润率增长速度为数

字化程度较低企业的 2～3 倍。建筑行业劳动力与数字化率位列各行业后端，工程建设行业数字化融合率最低，同时劳动生产增长率相对较低。❶在从粗放型向集约型发展过程中，如何适应新的环保要求、如何快速高效保质保量完成项目，成为一大现实问题。我们需要改变固有粗放式建筑思维，从工业经济时代迈向数字经济时代，实现建筑行业的转型。

建筑业数字化是建筑工业化完成后的数字化转型，包括三个方面：建筑设计的数字化、生产设备的数字化、管理过程的数字化。建筑设计的数字化是建筑设计师使用电脑进行工程图的绘制，建筑设计由此步入新时代。在 CAD 中，可以实现建筑图形的参数化设计，也就意味着设计人员在电脑上设定长、宽、高等参数，生成相应的图形。生产设备的数字化是建筑材料生产设备、施工现场机器设备、测量仪器的数字化，这些设备的数字化意味着测量精度的提升、生产效率的提升、建筑质量的提升。管理过程的数字化，是所有的管理工作借助计算机和单机版的建筑软件实现了工程的数字化管理。

生产装配式建筑构配件是否能够自动化、数据化，是我们急需解决的问题之一。

## 2. 建筑工业互联网

建筑行业在互联网阶段的发展遵循着技术经济进化论的规律，从固定互联网向移动互联网、物联网延伸，进而形成完整的建筑工业互联网。建筑业物联网指的是在建筑构配件的生产制造阶段，将包含构配件基础信息如尺寸、结构、安装等的 RFID 芯片植入，构配件到达现场后，安装技术人员通过芯片对构件信息进行识别，将其存储于适当位置，以减少二次搬运吊装的流程，保证其构件的完好。

当前，工业互联网已在各个行业纵向渗透，建筑行业也不例外。2018 年，工信部与财政部联合组织实施了工业互联网平台创新发展工程，依托工业转型升级资金，在平台建设方面支持建设 43 个工业互联网平台创新发展项目，涉及多个产业。例如，设计阶段根据统一接口协议，可以将图纸以数据形式输入工厂工

---

❶ 麦肯锡研究院. 数字时代的中国：打造具有全球竞争力的新经济 [R]. 2017.

业互联网接口，工厂根据图纸直接生产建筑所需的预制化构配件；在施工阶段，实施装配式建筑的企业熟悉 EPC 模式，掌握了 BIM 技术，可以根据设计数据实现数字化建设，缩小误差，成本管理、进度管理、质量管理结果在线随时可查询和校核。

当前，有关以 BIM 为本体的建筑互联网的学术讨论比较少。杜明芳提出了智慧建筑 2.0 和建筑工业互联网的理念和思路；魏子繁提出了互联网时代建筑产业信息化的阻力与发展路径；王涛、杜晓辉等提出了德国"工业 4.0"对我国绿色建筑工业化和信息化的启示；孙璟璐提出应强强联合探索前沿创新技术，推动建筑产业信息化发展。总体来说，行业内主要聚焦于建筑工业化、建筑信息化方向，对于建筑工业互联网应该围绕哪些本体、有哪些顶层设计的思路，目前还没有论述。本书尝试在这个方向进行探讨。

目前，我国工业互联网发展主要存在以下问题。一是大型平台重复建设问题。我国已有接近 300 个工业互联网平台，这些平台从一开始即定位过高，打算基于生态圈的形式来搭建，但是不具备大数据存储、计算、智能分析能力，致使平台形同虚设，真正有市场前景的平台不超过 50 家，结果造成资源浪费，其根本原因是没有以客户的真正需求为出发点，仅仅是为了做平台而搭建平台。实际上，当工业互联网各参与企业已经有了一定的数字化基础，包括供应链系统、分销系统、工控系统、ERP 系统等，企业之间要做的就是分享和互联、共建生态，而不是垄断。二是产业链发展不成熟。一个成熟产业的标志是产业链各个环节的供应商都相对比较成熟。在工业互联网平台供应商方面，领先的制造企业占比为 46%，工业软件服务商占比为 27%，工业设备提供商占比为 19%，信息通信企业占比为 8%，且这些企业的业务模型、技术能力、商业模式、生态组织等仍处于探索阶段。三是标准协议不统一。当前，我国制造领域存在 40 多种工业现场总线协议和工业以太网协议，标准各异，统一难度大。

（1）建筑工业化新内涵

2007—2017 年，我国国内生产总值高速发展，建筑业及相关产业的年均贡献率达到了 30% 以上，房地产经济、土地经济成为地方财政的主要来源。然而，我国建筑工业化水平不高，工业化建筑的结构类型主要为剪力墙结构和框架结构；施工工艺的类型主要为预制装配式、工具模板式及现浇与预制相结合式等。当前，我国建筑施工现场的施工材料实现了机械化工厂供应，但是从建筑工业化的角度看，其概念是"设计—生产—施工—运维"等各个环节全流程工业化，而且随着现代工业经济向数字经济、智能经济延伸，建筑工业化呈现工业化＋数字化＋智能化（这里指人工智能）融合的特点，体现为装配式建筑、数字建筑、智能建筑。

智能建筑是"设计—生产—施工—运维"各个环节均依靠人工智能技术实现的建筑。在设计阶段，根据输入的建筑规划数据、限定的高度、体形系数，节能水平、楼层承重水平、当地地理位置环境、建筑用途等在线"立等可取"地设计出建筑3D图纸，图纸数据可直接发送到工厂，预制化工厂采用工业机器人直接生产预制件、配件，每个构配件采用唯一的物联网地址，再通过无人驾驶物流车辆运送到施工现场，然后由现场施工机器人进行施工、组装；在维护阶段，根据每个预制构件的状态及整个建筑物的状态，可直接在系统查询，建筑物维护机器人会对可能存在的隐患、故障提前进行修复。

（2）建筑工业互联网的顶层设计与长期演进

数字建筑发展要经历三大阶段——建筑数字化阶段、建筑工业互（物）联网阶段、建筑数字孪生阶段，这个发展过程也可以描述为从二维的平面电子化图纸向基于空间、时间、数据维度演进的全产业链、建筑全生命周期演进的进程。建筑工业互联网顶层设计是数字建筑的最终模型，必然要经历数字化、互联网与物联网、大数据与信息化三大阶段，因此是一个长期演进的过程。

建筑工业互联网的顶层设计可概括为一个中心、六大维度、全产业链。

一个中心即以BIM本体为中心，根据建筑信息模型统一信息标识规范、接口标准、套件和名称，无论何时何地都能够以一种BIM定义来进行信息交互。

六大维度：空间（三维）、时间维度、数据维度、人（法人、自然人、城市管理者）的维度。即围绕BIM本体，构建三维空间、时间、数据、人的完整体系，三维空间能够对接虚拟化设计、图像化展示、三维游走、实体化实施；时间维度就是支撑建筑的全生命周期的全过程应用，包括规划、设计、报批、施工、室内外装饰、维修保养、拆除、资源回收等；数据层面，支持围绕建筑开展的所有活动的数据记录、所有日志痕迹,可以跳转到任一时间节点的数据,且数据标准规范可以对接外部数据库,如工业制造、现场施工安装等;人,包括企业法人和自然人,根据人对建筑的权限设定系统对人的服务范围、服务等级、访问权限等级、数据操作等级,支持人机交互式的活动,包括设计参数修改、定制化、虚拟现实可视化、全息投影等。

全产业链维度,即建筑工业互联网参与者,包括投资者、使用者、维护者、咨询方、设计方、施工方、生产商、监理商等。当前,建筑活动不同参与方之间的数据是分隔的,无法共享,大部分生产活动通过纸质化媒介进行交互,效率低,重复劳动量大,不利于产业的可持续发展。未来,以BIM为本体的建筑工业互联网将着力解决这个问题,从而大大节省整个工程的投资,缩短建设工期,提高建筑可用度和质量。

(3) 建筑工业互联网的本体:BIM

对人工智能作出突出贡献的著名计算机科学家约翰·麦卡锡在1950年提出了计算最终会成为公共基础设施的观点,国际领先平台开始将云端模型导入边缘设备进行实时分析,并通过双向迭代优化实现边缘—云端协同。任何一个模型都有一个核心的本体,以智慧城市为例,常见的本体是云计算模式的三层结构,即底层传感器、中层数据处理、上层应用,分别对应IaaS、PaaS、SaaS。智慧城市信息模型将物理的城市通过物联网、云计算、大数据技术映射到数字世界,为未来智慧城市打下基础。

BIM是单体建筑模型,也是城市物理环境下的细胞,可以用于建筑全生命周期。将BIM与GIS(地理信息系统)系统相结合,将形成CIM系统。因此,BIM首先是CIM的基础,而CIM基本上覆盖了城市的所有室内外环境,彻底将城市建筑环境数字化。

建筑行业传统观念认为BIM是一个软件,但其实BIM是一种工程解决方案,一种建筑项目管理模式,也是一套工具集。工具集包含的软件非常多,仅仅在建筑设计方面就有ArchiCAD、Allplan、Revit、Microstation、CatiaDP等。当前,没有一款软件可以解决系统化需求,这与我国现阶段建筑工程领域所倡导的EPC总包理念、行业政策相匹配。结合我国结构设计的标准使用建筑设计软件、机电设计软件及深化设计软件，才能形成完整的综合解决方案。

近年来，我国建筑施工领域开始采用 EPC 总包模式，这为 BIM 行业带来了新机遇。每一个 EPC 总包单位的总体目标都是以高质、低成本、快流转为核心。以基于 BIM 软件 PLANBAR 的钢筋处理为例。钢筋在整体建筑成本当中的占比高达 40% 以上，传统方法对钢筋的加工和处理浪费严重，尤其在施工过程中损耗更大，要避免此类问题的产生，就需要进行针对钢筋的优化和处理。在前期建模的同时，PLANBAR 可以针对模型对简单构件自动布筋；优化过程中，仅仅需要很少的修改就可以完全解决碰撞等问题，出图的同时，软件自动计算整个建筑、单个构件或组件的钢筋、水泥、预埋件等数量，快速准确，这使我们可以提前预估进度和使用情况，降低库存，增加周转效率，很大程度上解决了项目管理的相关问题。同时，软件生成的数据，可以让构件厂直接生产，降低设计师工作难度，构件厂也不会因为生产的构件不合格而浪费资源。

在实际项目中，BIM 的应用多以立项、维修保养为基础。但在应用过程中，BIM 的优势并没有得到充分发挥。这主要体现在以下两方面。

一是机电深化。机电的深化难点是由现场施工带来的。施工过程中，图纸中的各种管线是否碰撞、型号是否正确，都影响施工质量。

二是未批量使用装配式。目前，城市建筑本身用筋量大，结构计算复杂，所以一般水平构件的布筋都没有办法用传统的 CAD 来解决，竖向构件的解决方案——灌浆套筒方案、整体剪力墙方案的实施更是难上加难。这恰恰反映出现阶段 BIM 软件的应用并不如意，整体水平还不高。

真正优秀的 BIM 解决方案不是一个软件能够解决的。利用 IFC 模型中充分的数据，开展真正的深化，才是根本。但是 IFC 模型中的数据是否容易调用？答案是否定的。举一个例子，IFC 中的数据好比一个暗盒，它告诉你所有你想要的东西都在其中，但是你需要自己伸手进去摸，这个时候你要想拿到所需的东西，就要一遍一遍重复、完全地摸完，费时费力。还有一种暗盒，它已经给你整理过其中的东西，其中的几个小盒子中，分别放着你想要的东西，分门别类，这个时候你只需要在你想要东西的小盒子中摸索即可完成，相当方便。

OPEN BIM（开放式建筑信息模型）是基于开放标准和工作流进行协同设计、

建筑实现和运营的一种普遍方式，具有以下四个优势。

一是 OPEN BIM 为众多项目创建了共同的语言——IFC，形成服务评价和数据质量保证的方法。

二是 OPEN BIM 为整个项目全生命周期提供唯一的数据源，避免多次输入相同数据带来的重复工作和人为错误。

三是 OPEN BIM 为各种大、中、小型平台的软件供应商提供独立系统的最佳解决方案。

四是 OPEN BIM 鼓励供应商在网上提供产品服务，为用户提供更精准的需求搜索。

### 3. 建筑业数字孪生

建筑工业互联网发展的方向是建筑业数字孪生，也就是建筑业中所有物理世界的活动与数字世界实现实时映射。BIM 的核心是建立建筑工程的虚拟三维模型和对数字化技术的应用，在 BIM 应用系统中，建筑构件被数字化，数字化的对象通过编码描述和代表真实的建筑构件，除了基础的三维几何信息外，还能够涵盖更为丰富的非几何信息，如建筑构件的位置、质量、材料及进度等。此外，其还具备极强的仿真模型构建能力，包括可计量模型、可视化模型、协调性模型、综合性模型及全生命模型等。通过以 BIM 为本体的建筑工业互联网，串接起所有的建筑参与方式，以此为平台，最终实现建筑业的数字孪生。

例如，在建筑监理方面，受传统管理模式的影响，监理工作面临资料冗杂、信息滞后及装配式构件验收复杂等问题，有些问题甚至引发质量安全事故。在建筑数字孪生的监理控制系统中，参与装配式建筑的相关方均有系统访问权限，可以通过丰富的信息交互完成动态管控，依赖各参与方之间的互动，在保持 BIM 技术智能化与可视化优势的同时，提升监理控制体系的效率。各专业设计人员在项目经理和 BIM 设计经理的统一协调下，可以深化相关设计，考虑全生命周期的需求、系统之间的互相影响、管线之间的碰撞等，将其纳入预制件中，避免现场改造工作量。

基于 BIM 技术应用，应用 4D 及 RFID 等技术，可以有效建立进度控制模型，将各建筑构件进行模拟仿真，实现对建筑构件的实时跟踪及科学的进度控制。

基于 BIM 的本体可以满足政府、业主、装配式建筑厂家、建筑施工方、建筑监理方、建筑设计方、最终用户等各方的工程管理和应用等需求，从建筑规划、设计、生产、施工到运维全生命周期围绕一个核心模型展开，使产业链各方可以在一个模型、一个平台、一套数据基础上进行交互，且每个建筑房间都有唯一的数据集，建筑结构、暖通、给排水、景观、电气、智能化等都能在系统中唯一呈现，使建筑真正成为一个统一的数字孪生整体系统。

建筑业数字孪生有以下四个阶段。❶

①建筑规划阶段。

BIM+GIS 融合技术搭建多规合一系统平台，该平台遵循"一个模型、一组数据、一个平台、多个窗口"核心理念，统一信息标准，基于多规衔接的技术标准和工作机制，消除空间矛盾；通过对多规模型信息要素叠加，集成多种地理信息数据资源，建立统一的规划协同信息平台，实现多规信息的融合汇聚、多方共享和在线审批。

②建筑设计阶段。

当前，BIM 技术主要应用于建筑设计各阶段，如方案设计、初步设计、施工图设计。BIM 实施的全过程以 BIM 模型为核心，在项目工作范围内各单项工程各阶段的设计行为均按照"3D 建模—模型应用—2D 出图"的正向流程实施。

方案设计阶段。本阶段为后续建筑设计提供依据及指导性文件。根据设计目标和设计环境的关系，提出空间建构设想、创意表达形式及结构形式等初步解决方案和方法。主要应用点是场地分析、虚拟仿真漫游（可视化展示）、建筑性能分析、专业协调等。

初步设计阶段。本阶段主要目的是通过深化方案设计，论证工程项目的技术可行性和经济合理性。主要工作内容包括制订设计原则、设计标准、设计方案、重大技术手段方法、基础形式等；详细考虑建筑、结构、暖通、机电、弱电等各专业设计方案，协调相互间技术矛盾，合理确定技术经济指标，进行建筑性

---

❶ 唐怀坤，史一飞.数据中心装配式建筑开放式 BIM 应用工具集研究 [J].智能建筑与智慧城市，2020（3）：45-48.

能分析、机电分析、结构分析,以及专业协调、成本估算、工程量统计、虚拟仿真漫游。

施工图设计阶段。本阶段主要目的是为施工安装、工程预算、设备及构件的制作提供完整的模型和图纸依据。主要工作内容包括根据批准的设计方案编制可供施工和安装的设计文件,解决施工中技术措施、工艺技法、材料使用等问题,同时进行专业协调、净空优化、工程量统计、虚拟仿真漫游(可视化展示)。

③建筑施工阶段。

本阶段主要目的是完成合同规定的全部工程量任务,以达到验收交付要求。主要工作内容包括按照施工方案完成项目建造至竣工,统筹调度施工现场的人、机、料等资源。同时,进行三维管线综合、净空优化、虚拟仿真漫游(可视化展示)、可视化交底、施工深化设计、工程量统计、施工方案模拟、施工进度管理、设备材料管理、质量安全管理、竣工交付。

建筑施工管理将BIM本体与建筑施工项目管理平台对接,可以实现项目成本的精确分析,包括项目整体、单项工程、分部分项工程、工序、工区、时间节点,动态优化项目进度管理的关键路径,实现成本、进度的可预期管理。对于质量管理的难点——隐蔽工程来说,BIM本体平台可以将隐蔽工程信息同步录入系统,实现信息留存,监理情况、验收情况一目了然。

④运维阶段。

运维阶段主要是保障建筑正常运行,包括内部装修时对剪力墙、承重梁柱进行重点保护和监管;业主装修图纸中的非承重墙体、柱的打穿应通过BIM本体平台进行监管认可后方可开工;对接政府安全生产监管范畴。基于BIM技术的运维可以管理复杂的地下管网,如污水管、排水管、网线、电线及相关管井,并可在图上直接获得相对位置关系。当改建或二次装修时可避开现有管网位置,便于管网维修、更换设备和定位。本阶段可将照明、消防、设备位置、建筑设施纳入维护周期,详细记录每个器件的位置和维修备注,作为物业管理公司的工程量计算依据。

在应急管理方面,BIM平台应用场景包括消防报警、火灾疏散、安全监管、洪涝应急等。大楼的能耗是运营维护的主要成本,通过BIM本体平台照度感应器、温湿度感应器、人流量感应器可进行统一节能管理，智能分析单位面积能耗值，从而进行能耗优化。

## 三、数字经济时代建筑企业转型管理

### 1. 建筑企业向产业链上游延伸转型

建筑企业的转型包括：向产业链上游延伸，即建筑施工企业向装配式建筑预制件生产领域延伸；向产业链下游延伸，即建筑材料生产企业生产装配式建筑构配件并负责装配式建筑的安装。一般建筑企业只对项目的目标和结果进行管理，过程管理更多依靠项目经理。建筑施工企业的总体利润率大概在3.5%左右，其中大型央企和地方建工企业的利润率为1%~2%，可以说建筑企业处于整个价值链微笑曲线的低端。

在装配式产业化的推动下，以往的现场施工作业逐步转移至工厂预制。装配式建筑结构在我国发展较为缓慢，建筑工业化程度和自动化水平相对较低，目前还处于以人机结合建造为主的阶段。因此，将新型BIM技术应用到装配式建筑预制构件的设计生产管理中是当务之急。建筑企业构建BIM技术应用环境耗资巨大，需根据实际需求制定BIM应用发展规划、分阶段目标和实施方案，构建企业级各专业族库，逐步建立覆盖BIM创建、修改、交换、应用和交付全过程的企业BIM应用标准流程，并通过企业级BIM模型库，提升建模效率，增强BIM成果管理，提高BIM技术应用水平，助力建筑企业快速走上数字化转型升级之路。

### 2. 建筑企业数字化转型：数字化"三台"[1]

"三台"指组织数据管理的前台、中台和后台，它更像是一个橄榄球形的结构，前、后台各占一头，中间宽阔的腹身是中台。前台面向客户实现数据的互动，中台实施数据协同，后台是数据支撑，这颠覆了传统企业金字塔式的科层制，也不同于后来提出的倒金字塔式架构。小而精的灵活机动项目团队直接对客

---

[1] 唐怀坤，史一飞. 数据中心装配式建筑开放式BIM应用工具集研究[J]. 智能建筑与智慧城市，2020（3）：45-48.

户的多元需求负责，其是前台；通过模块化与标准化，为前台提供大而全、高共用性、高重复使用性的资源配置与赋能服务平台是中台；对前台和中台进行长期战略指导、基础研发、未来市场培育、企业文化与领导力培养是后台。三台架构的前台对应操作层的计算机化，中台的数字化对应互联网（包括从固定互联网向移动互联网、物联网延伸）与企业价值链辅助活动的数字化，后台的数字化是企业价值链主要活动的数字化。

（1）数字化前台

数字化前台是数字化末端，即OT（操作技术）的数字化，包括预制件的数字化制造、现场的数字化施工、建筑预制件运输管理数字化、堆场数字化管理等。装配式建筑构件的特征建模是现实BIM可视化、协调性、模拟性、优化性、可出图等优点的基础，其特征信息包括工程对象的3D几何信息、工程生产信息，如构件的名称、结构的几何参数、装配式结构类型、构件材料、工艺性能等设计信息，生产规划、模台选用、制造工艺等生产信息，库存管理、运输管理、施工管理等管理信息。特征模型表达了构件的设计、生产和施工等因素的所有信息，在计算机上实现了构件信息的共享，淘汰了以往施工设计时常用的纸质资料，包括施工图纸和施工记录表等。

（2）数字化中台

数字化中台包括协同管理模块、系统管理模块、制造执行系统。

在建筑工程的不同阶段，不同部门通过对BIM信息模型进行修改、添加、删除和更新来完成各自的职能，实现整个团队的协同工作。预制构件管理模块对预制构件特征信息进行定义，并可随时添加新的特征，包括总体特征和管理特征。同时，对构件特征信息进行录入和查看。项目管理模块可根据项目名称或编号、公司名称和负责人等条件对工程项目进行筛选查看，查看的内容包括项目统计、订单管理和进度查询。项目统计包含项目的构成、项目进展、项目历史；订单管理可以查看订单项目所有详细的信息，如项目公司、项目负责人、项目开始时间和项目交付时间等；进度查询可实时查看项目的进展情况，涵盖构件的排产、生产、堆放和运输。

系统管理模块包括用户列表、部门列表、角色信息，用户列表显示系统所有用户的个人信息，设定了不同角色对系统的操作权限。

制造执行系统主要服务预制构件的生产管理，主要内容有生产统计作业、生产线管理、模台管理和生产历史查询。生产统计中的项目执行情况包含圆形结构图和条形统计图两部分，圆形结构图显示了项目已完成生产和未完成生产的比例；从条形统计图中能够看出项目的进度及施工方的生产计划。生产线管理的内容包括当日生产执行进度、工位设定、工艺管理、日生产计划维护、生产记录查询和生产监控。模台管理可以查询模台的使用状态和所在生产线。生产历史查询对以往的生产任务进行记录，便于管理者对公司的生产任务作出安排。

（3）数字化后台

建筑企业数字化后台主要体现为企业价值链，企业将前台数据、中台的协同结果数据传送到最终的价值链数字化后台，进而通过每个价值链节点的成本与利润核算得到企业生产经营的决策数据。

传统的信息化措施往往只关注数字化的中台，忽略了数字化前台及数字化后台和三台之间的协同联动。数字化后台是企业管理的精髓，建筑项目能否产生价值，核心取决于这个企业的核心价值链能力，也就是企业的核心竞争力。

装配式建筑发展优势是施工工期短，生产效率高，资源利用率高，保护环境，符合可持续发展理念；其施工特点是构件多、工序复杂、信息管理难度大且呈动态变化。预制构件生产管理系统通过对预制构件的生产管理模型进行整合，在工程项目管理、执行制造生产和堆场管理的全生命周期过程实现信息的共享和传递，使工程技术人员对各种构件信息能够正确理解和高效应对，为设计团队及包括建筑、运营单位在内的各方建设主体提供协同工作的基础，在提高生产效率、节约成本和缩短工期方面发挥重要作用。❶

---

❶ 刘涛.基于BIM的装配式建筑预制构件的特征造型应用研究[D].石家庄：石家庄铁道大学，2019.